鄭錠堅 著

占星縱橫談

十星三位的祕密世界

卷首題辭

忽然想到，事實上每個人都有一大堆「才能」，等著被發現。
如果一直沒被發現，就會變質成鬱悶、不得志、壓力等等的負面能量。
如果持續沒被發現、遭忽略，就會扭曲成性格中的陰暗面或缺點，用一種奇怪的形式證明自己的存在。
所以發現、啟動它們便成了此生的天命。
而在發現的過程中，有一股最樞紐的核心力量，就是「覺知」。
好玩的是，「覺知」與「才能」的關係是糾結互動的——覺知浮昇起，我們看到自己的才能；而在通過發現才能的過程，我們練習覺知的甦醒。
而占星學就是練習覺知的工具箱與藏寶圖。

自序：傳統理論與一家之言

這是我的第二本占星學著作。第一本《占星全方位》是一本占星學百科全書，一位朋友看過，說這本書寫得很有誠意，關於占星學的種種理論、技術、主流、旁支、元素、分類等等，幾乎全囊括其中了。但為了照顧廣度，有時候不免會疏忽個別問題討論的深度，於是意猶未盡的，就自然而然的寫下了這一篇篇詳細討論不同專題的占星文章。所以從《占星全方位》到《占星縱橫談》，是從占星百科到占星雜文，從計畫性的著作到隨興的書寫。是的！這是一本占星學的雜文集。

文章的編排還是根據「十星三位理論」——這是筆者提出的一個說法，十星三位是占星學的四大基本元素，所有的占星學技法都是根據這「基本功」發展出來的。所以本書的內容也就分為「基礎原理」、「星座的遊戲」、「十星的遊戲」、「宮位的遊戲」與「相位的遊戲」五個單元。

「基礎原理」放進了許多筆者的「一家之言」，尤其在第四、五、六篇文章。哈！這是《占星縱橫談》的讀者與筆者的學生才聽得到的占星學。

「星座的遊戲」除了星座面面觀，接著是通過月亮跑了十二星座一遍，因為重點是星座，所以這一組的月亮文章還是放在這個單元。談太陽星座的多去了，本單元來談談月亮星座。

寫「十星的遊戲」時，我唯一服氣的占星老師韓良露去世了，韓老師真是台灣占星界的學術重鎮，謝謝她！所以那一陣子的寫作都是在懷念她的氣氛中進行的。接著一一談論了木土與三王星，再一次強調《占星縱橫談》是雜文集，不是系統性的著述，所以其他五顆星星就沒興致談了（其實月亮談過了）。最後在這個單元也分析了流運占星學的「行星時期」，也是以十星的角度出發的一個技法吧。

「宮位的遊戲」主要分成三個部分，先將十二宮跑一遍，跟著談了六對翹翹板，最後介紹了一些宮位靈活運用的「視野」。後二者也是筆者的原創理論。

最後一個單元「相位的遊戲」，前三篇文章是傳統的意見，但內容說得很完整。後二篇文章又是筆者個人獨得的經驗了。

事實上，水瓶座的自己從小看書都很跳「痛」，從來就不會規規矩矩的從頭到尾看完。所以水瓶座作者寫的書也建議讀者不妨隨意看、跳著看、顛倒看、不要那麼規矩的看、依循自己的需要與節奏去看；當然，對作者來說，不管讀者怎麼看，更重要的是文章本身必須好看，這才是真正的關鍵。是為序。

二〇一六年十月三十一日

關於「十星三位」的簡易圖表

十星表

太陽 ☉	外在個性	木星 ♃	性格中冒險犯難的部分
月亮 ☽	內心情緒	土星 ♄	性格中謹小慎微的部分
水星 ☿	知性人格	天王星 ♅	潛意識中的革命精神
金星 ♀	愛情人格	海王星 ♆	潛意識中的夢想與浪漫
火星 ♂	性人格	冥王星 ♇	潛意識中毀滅重生的雙面性

十二星座表

1白羊座♈ 陽.fire. 衝勁／衝動 火車頭	3雙子座♊ 陽.air. 聰明／輕浮 疾風	5獅子座♌ 陽.fire. 慷慨／虛榮 火山	7天秤座♎ 陽.air. 隨和／搖擺 和風	9射手座♐ 陽.fire. 直率／傷人 火箭	11水瓶座♒ 陽.air. 博愛／散漫 無定向風
2金牛座♉ 陰.earth. 穩定／遲鈍 農夫	4巨蟹座♋ 陰.water. 溫暖／囉嗦 湖泊	6處女座♍ 陰.earth. 謹慎／龜毛 測量師	8天蠍座♏ 陰.water. 犀利／頑固 深潭	10摩羯座♑ 陰.earth. 能幹／深沉 國王	12雙魚座♓ 陰.water. 浪漫／濫情 海洋

十二宮位表

1H	自我之宮（命宮）	7H	人際關係之宮（婚姻宮）
2H	財富之宮（自財宮）	8H	業力之宮（他財宮）
3H	知識之宮（初等教育宮）	9H	哲學之宮（高等教育宮）
4H	家庭之宮（內在宮）	10H	事業之宮（外在宮）
5H	創造力之宮（戀愛宮）	11H	理想之宮（朋友宮）
6H	工作之宮（健康宮）	12H	宗教之宮（心靈宮）

四大相位表

☌合相 0度相位	加強 能量或正或負
☍對相 180度相位	對立、相反 負能量
□掙扎相 90度相位	困難、內耗 負能量
△諧和相 120度相位	順利、合作 正能量

目次

☆星座的遊戲

☆十星的遊戲

☆宮位的遊戲

☆相位的遊戲

基礎原理

JUNE
JULY
AUGUST
SEPTEMBER
OCTOBER
NOVEMBER
DECEMBER
JANUARY
FEBRUARY
MARCH
APRIL
MAY

關於「占星學與靈性成長大遊戲」

占星學很重要的一個功能是「自我了解」，占星學是一門很成熟的自我了解技法與工具。而從某個角度看，自我了解是「靈性成長大遊戲」裡第一個階段的工作。

所謂靈性成長三部曲：

1、自我了解。2、自我治療。3、自我推擴與蛻變。

自我了解是診斷系統，先行知道自己的真正病情；自我治療當然就是療程，看病後當然就是吃藥、治療嚕；等到病情得到相當程度的治癒，負面能量大幅度的移除，於是自性、覺知、生命潛力才會洶湧湧現，這就是自我推擴與蛻變的第三階段了。

所以占星學與命理學的真正目的不是算命，算命只是小道，占星學的深層意義正是靈性大遊戲的參與。

人生必須是一個遊戲，靈性成長更是一個浩瀚的大遊戲，自我了解是其中很好玩的一部分。希臘阿波羅神廟廟門前刻著一句銘文，翻譯成中文就是：「了解你自己！」是啊！了解自己，才能喚醒內在的太陽神！

關於「占星學／自我了解」的一些看法

退職在即，教占星學課程也有十年左右的時間了。回想起來，每一屆都有學生在我的占星課上得到很大的滿足，也許有些同學等一個星期就是為了上我的這門課。哈！這麼吸引人的原因，我想除了我教得好（哇哈！我教過的小屁孩們，老師有沒有太臭屁？可以吐槽啊！），除了占星學的流行性之外，最大的魔力還是來自於對「自我了解」的渴求。

大概每個人都想知道自己的生命究竟是怎麼一回事吧！每個人都想進行一趟內在探索之旅。都想讓自我的心靈照照鏡子。占星學，就是那面鏡子吧。自我了解，是一份在人性深處很強大的渴望。

希臘哲學家芝諾芬尼說：「如果不能解讀靈魂的語言，所見所聞，都屬虛妄。」要讓外在的世界真實起來，先將自己的內在弄個清楚。

占星學中的「命」與「運」

不管是占星學還是其他的命理學，「命」與「運」的概念是不同的，尤其在占星學中的演算，更是兩個不同的領域與技術。先看看定義吧。

所謂「命」，就是指先天性格的特質、傾向與模型；而「運」，就是指先天性格的特質、傾向與模型在後天落實成具體事件的概率。所以命是先天的，運是後天的；所以「性格即命運」這句話對了一半，準確的說法是性格即命；所以運勢事件基本上是概率的可能性，鐵口直斷常常不是欺騙就是誤導。

而在占星學中，掌管「命」的是出生星圖，掌管「運」的是流年星圖。一個人一生只有一張出生星圖，一個人一生活到九十九歲，就有九十九張流年星圖，活到六十六歲，就有六十六張流年星圖。下面，將「命」與「運」的觀念兩兩相對整理如下：

★命

1、先天

2、整體

3、性格的特質與模型
4、出生星圖／個人占星學
5、在占星學中計算的準確率約95％
6、四個基本元素——十星、星位、宮位、相位

★運

1、後天
2、細節
3、性格的特質與模型發生成具體事件的概率
4、流年星圖／人生歷程占星學
5、在占星學中計算的準確率約85％
6、三步操作過程——行星時期、大運（天海冥週期）、流年（推進法／Transit）

幾句占星學的名言

常跟朋友分享占星學的名言，因為每句名言背後，其實都是一些基礎原理，所以每一句名言事實上就是一把打開占星學堂奧的鑰匙，幫助我們了解占星學問的內裡乾坤。

第一句：占星學是解讀靈魂的語言，占星學是了解自我的學問。

這是講占星學的「內在性」。這是一門了解內在的學問，通過各種讀圖技巧，與自己內在的靈魂對話，就是占星學的核心功能。舉一個例子：判斷一張星圖中「冥土」與「天海」的孰輕孰重，即可看出星圖主人是傾向入世性格或出世性格，是能夠進取或懂得放下的不同生命向度。

第二句：占星學是一門複雜性學問。

這是講占星學的「複雜性」。十星與三位四個基本元素的錯綜複雜，即構成星圖極龐大的可能與變數。所以占星學是十星三位的占星學，不是只看太陽星座的占星學。只看太陽星座絕對不是完整的占星學，不是真正的占星學，是輕薄短小的占星學，是消費的占星學，是騙人的占星學。所以占星學絕對是一個複雜系統，要學習、了解占星學，是要有一點耐性與韌力的。

第三句：占星學是科學與玄學的雙生子。

這是講占星學的「雙面性」。占星學是揉合科學精神與玄學內涵的一支複雜性學問。科學著重邏輯，玄學強調靈性；科學重視計算，玄學需要感應；科學是理性講道理的，玄學是感性沒道理的；科學是分析性學問，玄學是神祕性學問。也就是說，占星學是中國玄學系統中「山、醫、命、卜、相」裡最具有科學性格的一支「命」理，也可以說是一支最不依賴「慧根」的神祕性學問。所以「統計學」與「磁場論」是占星學的兩大基礎學理，前者是科學，後者是玄學。

統計學的意思是說：占星跟所有的命理學一樣，都是經過漫長時間不斷收集、累積、整理、篩選種種人類行為數據，然後去蕪存菁的逐漸成型。所以對命理學來說，流傳愈久的命理數據愈精準，愈經得起時間的考驗，而占星學可能是目前人類流傳最久最完整的一支命理學。

至於磁場論，就是說小嬰兒出生前受媽媽子宮保護，隔絕所有宇宙磁場的影響，這時候小嬰兒的意識世界等於一片白紙，但在媽媽體內，小嬰兒會一直發展、準備著他的「接收器」（中樞神經），好在出生的時刻接收宇宙意識的植入。等到十月懷胎，瓜熟蒂落，小嬰兒一離開媽媽子宮，宇宙磁場即通過十部「發射器」（就是十星）植入小嬰兒的生命，形成生命中第一批宇宙密碼或磁波，這第一批宇宙密碼或磁波就稱為

「命」，所以「命」是終身不離的能量影響。「接收器」與「發射器」是這個天人感應模式兩端的關鍵，這也解釋了為什麼不足月的嬰兒算「命」不準的原因，因為他的「接收器」沒發育好，存活下來的嬰兒只好放到保溫箱繼續發展他的「接收器」，但時間點就無從精確知道了。

第四句：占星學不能一概而論。

這是講占星學的「整體性」。這一句話呼應前面第二句名言，占星學是一門複雜性與整體性的學問系統，所以解讀星圖，不能只從其中一個角度論斷，事實上，鐵口直斷並不是一個良好的諮商習慣。所以解讀星圖，要整體觀照十星與三位，要接通命與運的連線，要兼顧計算與整合，要同時照顧圖內與圖外的因素。所以「占星學不能一概而論」其實是一個提醒，提醒我們學習占星，不只要學好一個一個的讀圖技術，還要培養整合解釋的能耐。

第五句：相位看吉凶，星座看性質。

這是講占星學的「價與性」。「價」的意思指人生一切成、敗、吉、凶、好、壞、順、逆的價值判斷，「性」則指不牽涉價值觀的中性性質描述，譬如陰、陽、冷、熱、收、放、強、弱；在星圖的判讀中，前者是從相位判斷，後者是由星座決定。舉一個例子：第九宮（高等教育宮）的星座描述了所適合念的研究所的性質（譬如土象星座象徵工、公、實業性質的研究方向，相對的風象星座則隱喻研究、創意方面的研究方向），至於考試運的好壞與深造的順逆，就要由第九宮中星辰相位的正負來決定了。所以「相位看吉凶，星座看性質」，這句話是讀圖的基礎技術綱領之一。

第六句：十星是生命身分，宮位是人生舞台。

這是講占星學的「位與境」。「位」指生命真正的身分與位置，「境」指人生多元的舞台與場域。這是十星與宮位的真正意義。

十星中，太陽是軸心人格，月亮是內心人格，水星是知性人格，金星是愛情人格，火星是慾望人格，木星是擴張人格，土星是收斂人格，天王星是革命人格，海王星是夢想人格，冥王星是神聖與罪惡的雙面性意識人格。

宮位中，從第一宮到第十二宮，分別掌管自我、財富、知識、家庭、才華、工作、關係、業力、思想、事業、品德、宗教等十二個人生領域。

掌握了「十星的生命身分，宮位的人生舞台」的要領，這句話就是讀圖的基礎技術綱領之二。

第七句：占星學同時存在自由意志論與命定論。

這是講占星學的「自與命」。「自」指自由意志，「命」指命運決定。真正的占星學是同時包含了自由意志與命運，真正的占星學是同時尊重生命的無限性與有限性。占星學告訴我們事情一定會發生，但怎麼發生，朝「超越性」還是「陷溺性」的方向發生，人就可以發揮自由意志的作用了。畢竟生命是由成熟決定的，不是由命運決定的。譬如天金對相在十一與五宮，象徵友情與愛情的突發衝突——但不成熟的人可能因此關係破裂與意志消沉，成熟的人卻可以藉此契機反省自我與調整關係。事件確定是負面事件，但不成熟的人因此受傷，成熟的人卻能將生命痛苦扭轉為成長動力。

★熟知這七句名言吧，裡面隱含著占星大學問！

1、占星學是解讀靈魂的語言，占星學是了解自我的學問。　內在性

2、占星學是一門複雜性學問。　複雜性

3、占星學是科學與玄學的雙生子。　雙面性

4、占星學不能一概而論。　整體性

5、相位看吉凶，星座看性質。　價與性

6、十星是生命身分，宮位是人生舞台。　位與境

7、占星學同時存在自由意志論與命定論。　自與命

成為一個好占星師的三個條件

1、成為一個好占星師的第一個條件是：專業素養／分析的能力／理性的頭腦。

這是一種理性、微觀的能力，所謂犀利的眼光。

一個好的占星師需要：知識、熟練技巧、表達能力、計算……

這是「陰的一極」，指一個占星師的專業。

2、成為一個好占星師的第二個條件是：心性素養／感應的能力／敏銳的心靈。

這是一種感性、童觀的能力，所謂小孩子的眼光。

這也是「一體性」的心性能力（《易經》的賁卦）。

一個好的占星師需要：善感、同理心、柔軟的細緻、關懷、溝通的功力……

這是「陽的一極」，指一個占星師的心靈。

3、成為一個好占星師的第三個條件是：德性素養／整合的能力／整體的成熟。

這是一種成熟、宏觀的能力，所謂整體的眼光。

這也是「決斷力」的表現（《易經》的噬嗑卦）。

一個好的占星師需要：具備整合兩極的成熟、人格的判斷力、「周」到的照顧……

這是「太極一元」，指一個占星師的整體成熟。

如何判斷一顆星星在星圖中的重要性（能量指數）

在大學裡教授占星學十幾年的經驗（我不確定我的「占星文化與中國哲學」是不是台灣大專院校裡唯一正式的占星學課程，但很有可能是），一個大班一個大班的教下來，漸漸看出一個現象：雖然占星學是在神祕性學問裡最科學性格的一支，只要肯努力就會學得不壞。筆者也經常對學生說，占星學是命理，命中有理，命運是有理可推的，所以學習占星要運用邏輯推理，要學習舉一反三至少舉一反二的能力。也就是說，占星學是一門有跡可循，比較要靠努力，不那麼仰仗慧根的學問。

話雖如此，但多年教下來，還是不得不承認不是每個人都有這方面的天賦與敏感的，很多的同學可能需要更具體的方法，告訴他們星圖中哪個位置比較重要，哪顆星辰需要注意，於是漸漸的發展、設計出這篇文章所談的「十星能量指數量表」，也就是告訴同學如何判斷一顆星星在星圖中的重要性的Q＆A。通過這個量表的檢驗，幫助我們迅速看到自己星圖中哪一顆星辰的能量指數最高，哪一顆次要，又哪一顆的重要性以及與自己的因緣是比較弱的。將十星簡明的量化，幫助我們清晰抓住星圖的重點與主題。好了，就來瞧瞧這個Q＆A的內容。

「Q」就是「如何判斷一顆星星在星圖中的重要性與能量指數？」

「A」的內容，目前列出的是下面五個答案。

1、該星星是否有回到保護星座。有的話，能量指數+1。

譬如火星回到白羊座，金星回到金牛座或天平座，水星回到雙子座或處女座……等等。但要注意的，如該星星是座落在保護星座對宮（隔六個星座）的星座，能量指數就要-1。譬如火星落在天平座，金星落在天蠍座或白羊座，水星落在射手座或雙魚座……等等。因為這些星星與這些星座都不太麻吉，譬如天平座太溫和，限制了火星熱力的發揮；金星浪漫優遊，落在雷厲風行的白羊座就有點殺風景了。

2、該星星是否為星圖中的主星。如果是，能量指數+1。

在出生星圖中最接近天頂位置的星星稱為主星（太陽由於一天內位置一直變化，所以不能當主星），主星的含義指「性格主題或人生主要命格」的意思。讀者可以參考筆者的著作《占星全方位》。

3、該星星是否進入星圖中十字軸線左右的強位區。如果是，能量指數+1。

星圖十字軸線左右10度內的區域稱為強位區，星星進入強位區能量會被放大。「主星與強位」的說法請參考筆者的著作《占星全方位》。

4、一一檢視每顆星星是否擁有重要相位（角差2度內的相位）。該星星擁有一個重要相位能量指數+1，擁有兩個重要相位能量指數+2，如此類推。

2度內角差的相位象徵人生課題或重大事件，只要星圖主人沒有中道死亡，就一定會在人生的道路上演變為具體的事件。

5、除了2度內角差的重要相位，還要檢驗該星星是否擁有高低階星相位，每個高低階星相位，能量指數分別+1。

十星根據不同的陰陽屬性分成三組高低階星──「冥土火」一組，「天木水」一組，「海金」一組。第一組是能量傾向負面的陽性行星（但土星是陰性的），第二組是能量傾向正面的陽性行星，第三組是能量傾向宗教、藝術、愛情方面的陰性行星。也就是說，冥土火是一國的，天木水是一國的，海金是一國的；所以，同一國的星星出現連結彼此的相位，相位能量會被加強，而相位連結兩端的星星，能量指數都要+1。

下面的就是筆者整理自己星圖的「十星能量指數評量表」。

■十星能量指數評量表

	日	月	水	金	火	木	土	天王	海王	冥王
回到保護星座						+1	+1			
落入陷落星座	-1							-1		
主星								+1雙主星		+1雙主星
強位								+1		+1
重要相位	+1		+1		+1					+1
高低階星相位					+2	+1	+2	+1		+2
總能量指數	0	0	+1	0	+3	+2	+3	+2	0	+5

數字是會說話的，數字背後是有故事的，看完自己「評量表」的數字，分析如下：

1、整體而言，自己能量最強的星星竟然是冥王星！次強是土星與火星。說真的，這樣的數字結果蠻出筆者的意料之外的，但仔細一想卻不無道理。所以剛剛好筆者的「冥／土／火」是能量指數最強的一組，「天／木／水」也強，至於「海／金」與「日／月」就弱了。原來自己星星能量指數的輕重幾乎完全符合高低階星的群組分類。所以從整體的數字看，自己原來是一個「力量型＋學術型」的人格組合。

2、看到冥王星的能量指數最高，自己也著實嚇了一跳！更好玩的，筆者的冥王星是處女座，而處女座是自己一直以來最相處不好的星座，加上筆者的北交點（需要學習的生命課題）也是處女座，原來一直以來自詡水瓶+射手性格的自己也是擁有很強的處女座性格啊！但仔細思考，自己的工作人格事實上一直以來都具有很強烈的處女座色彩，只是自己沒有正式的正視與覺察，通過這次「評量表」的發現，讓筆者不禁浩歎命理的精巧安排！

3、還有一點很好玩的現象，就是筆者的圖出現一個很罕見的雙主星現象（兩顆度數相同最接近天頂的星星）——天冥雙星。而且這個現象的出現是由於移居台北經年，出生地點的經緯度從出生城市轉移到居住城市的緣故。本來筆者的主星是「疏離型態」的天王星，但移居之後「力量型態」的冥王星也加進來變成主星之一，所以冥王星與處女座的重要性也隨即增強了。筆者這個案例也印證了占星學「地氣」的轉移確實會影響到一個人的生命發展與性格型態的。

好了！想知道哪一顆星星對你最重要嗎？去整理一張屬於自己的「十星能量指數評量表」吧。

星座的遊戲

JUNE
JULY
AUGUST
SEPTEMBER
OCTOBER
NOVEMBER
DECEMBER
JANUARY
FEBRUARY
MARCH
APRIL
MAY

關於「強勢星座」

「強勢星座」是我發明的一個名詞。占星學透過出生星圖去了解自己的「十星」，十星就是日、月、水、金、火、木、土、天王、海王、冥王等十個太陽系的星體，象徵人性的十個層面。而十二星座基本上指十二種能量的式樣。透過出生星圖將十星與十二星座做一個連結，就可以看出每個人獨一無二的能量式樣。而所謂「強勢星座」，就是自己的十星中，有三個或以上的星星所屬於的同一個星座，「強勢星座」就是每個人真正的心靈身分。

譬如：我的一個老同學的太陽是白羊座，但他的性格確實沒有多少白羊座衝動的痕跡，結果一調他的星圖一瞧，原來他的十星中總共有四個雙魚座，八條魚在游耶！他根本就是優游重感情的魚族嘛，怪不得不像能量快速的白羊座。所以老同學真正的心靈身分更接近雙魚座囉。

又像我的太陽是水瓶座，但我一部分直、快、急的個性不是那麼水瓶，真相是我的星圖有三個水瓶、三個射手，所以我的心靈身分是水瓶+射手的組合，而不是單純的瓶子。

要通過占星學這個「自我了解」的遊戲去尋覓自己的心靈身分，製作自己的出生星圖，找到自己的「強勢星座」，是有必要的。

★補充：

如果某張星圖的十星分布是2、1、2、1……沒有三個星星是屬於同一個星座，那這就是一張沒有「強勢星座」的星圖。代表星圖主人沒有特別凸顯的位置，這是一個性格複雜的人。

「四象星座」的能量式樣與比喻

十二星座等於是十二種生命能量的式樣，進一步往上歸納，可以整理成「四象星座」更大的能量式樣分類。下面我們來看看「四象星座」同中有異、異中有同的能量式樣與比喻：

1、火象星座（fire）——熱情／暴戾、燃燒型的能量式樣

白羊座是火車頭。（用衝的）
獅子座是溫暖的篝火。（用燒的）
射手座是火箭。（用射的）

2、土象星座（earth）——穩定／頑固、縝密型的能量式樣

金牛座是土地耕耘者。（穩定的）
處女座是土地測量者。（計算的）

魔羯座是土地管理者。（謀劃的）

3、風象星座（air）——活潑／輕浮、散發型的能量式樣

雙子座是急風。（疾吹）
天平座是和風。（緩吹）
水瓶座是無定向風。（亂吹）

4、水象星座（water）——感性／濫情、滲透型的能量式樣

巨蟹座是小湖。（恬靜優美）
天蠍座是深潭。（靜水深流）
雙魚座是大海。（洶湧浪漫）

關於十二星座的「男女老小」

★怎麼追上十二星座女孩？

對白羊座女孩：充漢子。
對金牛座女孩：一起看財經節目或美食節目。
對雙子座女孩：陪她玩。
對巨蟹座女孩：苦肉計。
對獅子座女孩：奉承她。
對處女座女孩：裝老實可靠。
對天平座女孩：帶她吃燭光晚餐。
對天蠍座女孩：向她發毒誓。
對射手座女孩：跟她一起瘋。
對魔羯座女孩：讓她當甄嬛，你千萬別當雍正。

對水瓶座女孩：把她當哥們。
對雙魚座女孩：跟她說你愛她愛到月球爛掉。

★怎麼吸引十二星座男孩？

白羊男：撕他衣服。
金牛男：跟他說不用錢。
雙子男：滴他蠟油。
巨蟹男：煮飯給他吃（加迷藥）。
獅子男：不停對他鼓掌。
處女男：讓他覺得即便隕石撞地球也砸不著他。
天平男：把自己包裝得美美的。
天蠍男：直接撲倒他＋咬他。
射手男：讓他黑白走。
摩羯男：幫他備妥一份性愛計畫分析報告書。
水瓶男：陪他參加防衛外星人入侵地球會議？
雙魚男：談情說愛＋看夕陽囉。

★怎麼安慰十二星座老人？

對白羊老：爸，累了一輩子，該停下來了。
對金牛老：媽，錢夠用得很，別擔心。
對雙子老：ㄟ！老頭，別玩太兇。
對巨蟹老：媽，有時出去走走，不用老呆在家裡。
對獅子老：別忘記每次給他「說當年」的故事鼓掌。
對處女老：媽，不要操那麼多心了，放輕鬆，多休息喔。
對天平老：不時帶她去看看美美的東西。
對天蠍老：媽，別老念著爸了，來，去看看孫子。
對射手老：喂！老瘋子，乖一點行嗎？
對摩羯老：勸他早點交棒。
對水瓶老：為他的「老不修」喝采＋注意他的安全。
對雙魚老：不要老讓她緬懷舊事，然後，擁抱她。

★十二星座小孩的需要？

羊孩子：讓他當小野蠻人。
牛孩子：她需要慢（不要逼她快）。
小雙子：需要遊戲＋搗蛋。
小螃蟹：需要安全感與穩定的環境。
小獅子：給他當老大當到爽。
小處女：不要逼她活潑。
小天平：不要強迫他選擇。
小天蠍：給她一個水晶球唄。
小射手：自由。
小摩羯：讓她負責任。
小水瓶：唉！想方設法了解他的古怪世界吧。
小魚兒：愛她、親她、抱她、呵支她。

從「內在男人／女人」的角度看十二星座

從出生星圖找到自己的「強勢星座」，就可以據此判斷自己真正的內在性別——自己的內在究竟住著一個男人還是女人？不外乎六種可能性：生理上是男人事實是女人，生理上是女人事實是男人，外與內都是女人，外與內都是男人，生理上是男人內在的性別很複雜，生理上是女人內在的性別基本上是中性的。總的來說，十二星座中有六個男人（陽性星座）與六個女人（陰性星座）：

1、基本上，很多星座是白羊座的人是男人。很man的！雄性荷爾蒙很強！

2、基本上，很多星座是金牛座的人是女人。或者說像大娘的老男人。

3、基本上，很多星座是雙子座的人是男人。年輕的男人。

4、基本上，很多星座是巨蟹座的人是女人。媽媽耶！當然是女人。

5、基本上，很多星座是獅子座的人是男人。很愛掌聲的大男人。

6、基本上，很多星座是處女座的人是女人。狠狠盯著你有沒有犯錯的老女人。嘿嘿嘿！

7、基本上，很多星座是天平座的人是男人。天平座是十二星座中最娘的男人。

8、基本上，很多星座是天蠍座的人是女人。但天蠍座是十二星座中最man的女人，也是十二星座中最有魅力的女人！很矛盾吧！天蠍座很有威力的耶！

9、基本上，很多星座是射手座的人是男人。少根筋的男人。
10、基本上，很多星座是魔羯座的人是女人。呵呵！妳是心機深沉的武則天呀！
11、基本上，很多星座是水瓶座的人是男人。瘋狂的男人，有深度「自由癮」的男人。
12、基本上，很多星座是雙魚座的人是女人。容易受傷的女人。

喂！你／妳究竟是男人？還是女人？
喂！誰是男人？誰是女人？
還是，你是陰陽人！

十二星座愛「裝」啥？十二星座最「怕」啥？

★「裝」

白羊座愛裝爺們。
金牛座愛裝笨。
雙子座愛裝聰明。
巨蟹座愛裝乖。
獅子座愛裝老大。
處女座愛裝高貴。
天平座愛裝優雅。
天蠍座愛裝神祕。
射手座愛裝帥。
摩羯座愛裝悶。

水瓶座愛裝古怪。
雙魚座愛裝款款情深。

★「怕」

白羊座怕病。
金牛座怕餓。
雙子座怕悶。
巨蟹座怕孩子被欺負。
獅子座怕沒面子。
處女座怕髒。
天平座怕亂七八糟。
天蠍座怕小三。
射手座怕被關。
摩羯座怕不按理出牌。
水瓶座怕平凡。
雙魚座怕情感被傷害。

從「職業／身分」看十二星座

1、白羊座的圖騰是嬰兒與戰士。（啥？這兩種人差很多？不對！有共通性。戰士砍人與北鼻撒野時都是腦袋瓜少根筋的。）

2、金牛座是藝廊經理或農夫。（又怎樣呢？又差很多！不是啦。這兩種人同樣在美的環境中——藝術與大自然——收集財富。）

3、雙子座是十二星座中的演說家或狗仔隊。

4、巨蟹座，當然就是媽媽囉。

5、獅子座，老大。

6、處女座是十二星座中的分析師、精算師。

7、天平座是外交家。

8、天蠍座是女巫。（送個水晶球給她吧。）

9、射手座是十二星座中的哲學家。

10、魔羯座是深沉練達的領導者。

11、水瓶座是瘋子。難聽？革命家吧。

12、雙魚座是十二星座中的宗教家，或者是浪漫情人，也許是受難者。

關於十二星座的「障礙」

十二星座是生命能量式樣，也是性格傾向與類型，而不同的性格傾向與類型的負面能量（負面相位），即會造成靈性成長的不同「障礙」。在這篇短文，不想談太多理論，只想一針見血的指出十二星座的「障礙」給同修們參考——修行是一個內在戰場，知道自己的「障礙」就是知敵。當然，要精確定位「障礙」與敵蹤，還是得製作自己的出生星圖，與知道自己的強勢星座。

1、白羊座的障礙是「自我」：太需要別人同意自己。
2、金牛座的障礙是「貪欲」：太在意自己的擁有物。
3、雙子座的障礙是「賣弄」：太喜歡炫耀聰明才智。
4、巨蟹座的障礙是「焦慮」：太掛懷自己所愛的人。
5、獅子座的障礙是「虛榮」：太需索他人給予掌聲。
6、處女座的障礙是「瑣碎」：太要求完美造成壓力。
7、天平座的障礙是「搖擺」：太欠缺明快的決斷力。
8、天蠍座的障礙是「執著」：太重情愛造成佔有慾。
9、射手座的障礙是「急躁」：太直線思考的急驚風。

10、魔羯座的障礙是「控制」：太善於權謀的控制欲。
11、水瓶座的障礙是「散漫」：太缺乏紀律的自由癖。
12、雙魚座的障礙是「濫情」：太天真善良造成腦殘。

關於十二星座的「狗籠子」

白羊座的狗籠子是「你一定要同意鵝不然鵝超不爽」。
金牛座的狗籠子是「鵝要有錢心裡才有安全感」。
雙子座的狗籠子是「鵝要不停的說話說話說話才能掩飾鵝的缺乏自信」。
巨蟹座的狗籠子是「鵝一定要看到家人安全沒事」。
獅子座的狗籠子是「你們要對鵝一直鼓掌鵝才不會咬人」。
處女座的狗籠子是「要照鵝的計畫與步驟做事情」。
天平座的狗籠子是「鵝不要看到人與人之間發生不開薰」。
天蠍座的狗籠子是「絕絕對對不能背叛鵝對你的忠誠」。
射手座的狗籠子是「不要跟鵝講些有的沒有的芝麻蒜皮紅豆綠豆鼻屎大的小事」。
魔羯座的狗籠子是「鵝要不停的管理管理管你」。
水瓶座的狗籠子是「決不能碰鵝的自由」。
雙魚座的狗籠子是「鵝一定要絕對要要要愛別人信任別人」。

如果有一天——
白羊座不需要別人的同意。
金牛座覺得沒錢也可以很好。
雙子座學會閉嘴。
巨蟹座釋放她的家人。
獅子座不需要掌聲。
處女座終於看到別人不同的做事方法也有合理性。
天平座能夠面對人間的紛爭。
天蠍座輕輕放下「忠誠」的包袱。
射手座學會人間能量。
魔羯座不再管那麼多。
水瓶座能夠在不自由中自由。
雙魚座不再執著愛別人。

那麼——
心靈狗狗就從狗籠子裡跑出來奔向自由壯闊的生命曠野!!

關於十二星座的「成熟」

從一篇網路文章得到靈感——陰陽整合與成熟的十二星座：

1、成熟的白羊，熱烈卻又穩重／Fervent yet mellow。
2、成熟的金牛，固執而又變通／Rigid yet adaptable。
3、成熟的雙子，學了很多但又保持一顆謙退的心／Learned yet foolish。
4、成熟的巨蟹，敏感但不固執／Careful yet carefree。
5、成熟的獅子，是一個好的領導者同時也能做一個好的追隨者／Leader yet follower。
6、成熟的處女，善記但又善忘／Sharp yet forgetful。
7、成熟的天平，圓滑同時堅定／Sleek yet firm。
8、成熟的天蠍，忠誠卻又寬容／Loyalty yet tolerant。
9、成熟的射手，愛冒險但也善於觀察／Adventure yet observant。
10、成熟的摩羯，老成但又年輕／Old yet young。
11、成熟的水瓶，既不安分又有耐心／Restless yet patient。
12、成熟的雙魚，無私但又自私／Selfless yet selfish。

雙重人格星座

占星學有所謂「人類星座」的說法（譬如雙子、處女），但個人覺得意義不大。研究多年，發現了一個「雙重人格星座」的觀點，倒是有助於了解某些星座更深刻的人性內涵。「雙重人格星座」有五個，各有不同的雙重人格的情形與設定：

1、雙子座：外表夏天與內心冬天的雙重人格

雙子座表面活潑迷人，其實內心吹拂著陰冷冬季的習習寒風，並不是外表看的那麼快樂呀！

2、射手座：哲學的頭腦與動物的野性的雙重人格

射手座又稱為人馬座或天箭座，就是希臘神話中的半人半馬神，這隻「怪物」是個神射手，所以稱為射手或天箭。射手座是十二星座中的哲學家，但射手們其實潛藏著動物性的野性與慾望——這就是人類上半身加動物下半身的意涵。

3、摩羯座：堅強外在與柔弱內心的雙重人格

摩羯座也是希臘神話中羊頭魚身的怪物，強悍堅忍的強哥強姐們，其實內在有著一個柔弱易傷的心靈。

4、水瓶座：叛逆的言論與保守的行為的雙重人格

水瓶座的雙重人格跟它的雙保護星有關——開放的天王星與保守的土星。天王星是現代占星學中水瓶座的保護星，土星是傳統占星學中水瓶座的保護星。造就了瓶子們嘴巴騷包前衛加行為膽小孬孬的矛盾性格。

5、雙魚座：天上與人間的雙重人格

雙魚座的圖騰是兩條方向相反的魚互相擁抱，很像中國文化的太極圖（陰陽魚合抱太極圖）。一條魚游向天國，一條魚游向人間；一條魚游向理想，一條魚游向現實；一條魚游向純真的快樂，一條魚游向人生的苦難。所以雙魚座不只是雙重人格，還是人格分裂。雙魚座呀！妳的名字是分裂、與苦難啊！

你有幾個雙重人格星座，還是要回到出生星圖的「強勢星座」上尋找。

「月亮星座」與「四象月亮」

太陽星座是占星學中比較popular，比較為人所熟知的位置（事實是很多人根本只知道太陽星座）。但個人更喜歡看一張星圖的月亮星座。月亮星座象徵一個人的內心感情，是更真實、更沒有修飾、更沒有戴面具的自己。月亮代表我的心嘛！事實上，在占星學中，日、月星座的內涵是複雜多元的，月亮星座的意義包括：

1、月亮代表一個人內心的情感、EQ。太陽是外在的自己，月亮是內在的自己。

2、月亮的星座代表媽媽與自己的互動模式。

3、太陽與月亮的相位代表星圖主人的父親與母親的關係。

4、月亮與其他星星的相位又代表星圖主人媽媽的教育方式。

其實還有，月亮也是一個人的金錢人格，這個問題另文再談。

那麼，四象月亮就是四種不同的內心情感模型了。

水象月亮（water）是最感性、最本色、最正宗的月亮星座。水象星座將月亮所象徵的內在感情激發得最飽滿充沛。柔情似水嘛，內在心靈最需要的就是水漾情深。當然含水量過多，就是情感的氾濫了。

風象月亮（air）相反，風象月亮是另類的月亮星座。風象星座的知性沖淡了月亮的內心感情，讓月亮在風象星座的人們顯得不那麼感性，對處理情感關係有著一份超然、冷漠、疏離的態度。感情嘛，總是會相互擁抱與糾纏，但不管什麼樣的風在空中吹拂，是不會停留在同一個地方的。

很多人誤會月亮在土象星座的人無情，事實上正好相反。土象月亮（earth）的人擁有強大的內在感情，但土月子民們喜歡將感情深深藏起來，深深埋藏在心靈的土壤裡。土象子民通常是情感的壓抑者，但往往將壓抑的情感用另外的方式宣洩，譬如：藝術。不是嗎？壓抑常常是藝術創作的根源。

水月對內心感情是「激化」，風月是「淡化」，土月是「壓抑」，那火月就是「燃燒」了。擁有火象月亮（fire）的主人內在感情熾熱狂野，這種人通常是急性子、沒耐性、脾氣大。四象星座中，水象與火象是情感型星座，但水象月亮的感情模式溫柔而悠久，相對火象月亮的感情模式是強大而爆發。「三分鐘熱度」就是形容火月子民們，說他們三分鐘是真的，但他們的熱度燙起來還真是會燒痛人。

你的月亮是水漾情深嗎？還是你在壓抑、或淡化你的月亮？或者，你的月亮根本在燃燒？

月亮代表我的心（一）：像一個小屁孩鬧情緒的白羊月座

我明明內心充滿熱情，為什麼我所愛的人眼神閃爍著痛苦？我明明對她深情如海，像《鐵達尼號》中的傑克深愛著蘿絲，為什麼她卻說我傷害了她，難不成傑克會家暴蘿絲？——這是許多白羊月座的男女們心中常有的疑惑。月亮在白羊座的羊哥羊姐們常常沒有覺察，他或她的內在感情不是深如大海，而往往是一場火災。

白羊座是第一個火象星座，而且是三個火象星座（白羊／獅子／射手）中溫度最高、最炙熱的一個，所以可以肯定白羊月座的人內心燃燒著強烈的感情。進一步，白羊座又是十二星座中的嬰兒，又是領導者星座，綜合的說，這是一隻孩子氣很重的領頭羊，也就是說，白羊月座的人的內在感情是又強烈又自我中心的。如果相位好，你會發現羊月朋友的內心情緒活潑明亮，讓人感到「興奮」；但相位不好的話，你會覺得羊月人是一個又自我又情緒化的討厭鬼，你必須附和他的喜怒好惡，不然情感的風暴沒完沒了。

如果一個人的星圖中有更多的風象或土象星座，可以比較沖淡羊月朋友們過於強烈、過於自我中心的情緒化傾向。相反的，如果一個羊月人同時擁有許多水象或火象星座，那這個傢伙的內心情緒會從一場歡樂嘉年華忽然轉變成一場熊熊大火，或者順序顛倒。

另外，火象月座的人一般來說都是情感速度超快的，儘管白羊月座不是最快的，但普通人還是很難跟上他們情感轉換的速度。當妳還被他的壞脾氣惹得心情超不爽的當兒，搞不好他就出現在妳跟前，滿臉堆歡，真心誠意的對妳說：「親愛的！我真的好愛好愛妳喔！」

月亮代表我的心（二）：感情慢郎中的金牛月座

「她／他的心到底有沒有感覺呀？」這是金牛月座的配偶常有的苦惱與困惑。這些迷哥迷姐們明明覺得她／他是這麼一個優雅、斯文、愛美、淡定、懂生活、有品味的女人或男人，但她／他怎麼那麼像一個……沒有感情的生物呢？常常感覺不到她／他的內心溫度？得不到她／他的情感呼應！難不成？我真的娶／嫁了一隻牛！

對於月亮在金牛座的男女的內心是不是缺乏感情的這個問題，老實說，我也不知道？我也覺得他們內在的情感土地穩定寬厚、四季分明，這當然也是一種穩健型的情感表現。但，問題是，真感情是這樣的嗎？感情不是應該比較強烈、動盪嗎？但金牛月座就真的不是這樣子，不要說「盪」了，他們的感情運動細胞連「動」也不太動得起來。

金牛座是第一個土象星座，而且可能是三個土象星座（金牛／處女／摩羯）中最土的一個；金牛座的象徵又是農夫，耕作者的個性總是最穩定的，你幾時看過一個農夫上演轟轟烈烈的愛情戲碼？金牛座又是陰性星座，悶；又是組織者星座，組織者星座的個性頑固。綜合的說，金牛月座的男女擁有一個超穩定、超平靜、超內斂，也超無聊的感情世界。對不起啦！我說超無聊，是從我風象與火象星座的立場去評論的。如果你是一個性格活潑或愛玩遊戲的好事之徒，跟金牛月座談戀愛之前，多考慮考慮，這隻牛哥或牛妹就是有辦法讓你變成聖人，或叛徒。

一個月亮在金牛座的人的星圖中，如果有比較多的風或火象星座，那她／他的感情世界會變得比較活潑，但她／他內心最深處還是異常平靜的。但如果這個星圖主人同時擁有許多土與水象星座，那她／他真的就是一個大大的悶葫蘆了。

另外兩個土象星座，不是精明就是厲害，相對的，金牛座很乖、很安分；說句公道話，她／他的內心是有感情的，只是金牛月座的感情調性很平伏，要當他們的感情伴侶，得有細嚼慢嚥的能耐與修養。

也許，牛月人不只喜歡談戀愛，他們更喜歡跟伴侶一起享受戀愛，牛月人喜歡與伴侶一起享受燭光晚餐，但前提是這頓晚餐必須是美食。當然，月亮落在土象星座的人的感情速度都是很慢的。假想你在追一個金牛月座女孩，你在清晨放了一支鮮花在她桌上，你覺得表達得很明顯了，不用再寫一個字，但你一直等，牛女孩都沒有任何表示，等到中餐過了、下午茶過了，下班鐘響，你正準備傷心的離去，這時牛女孩拿著那朵快枯萎的鮮花走到你跟前，說：「你是要問我這朵花是屬於什麼品種嗎？」天呀！好一隻可愛的牛女！笨牛女！記住！跟金牛月座談戀愛不能快、不能用驚喜、也千萬不要給暗示。你聽過一句成語嗎？「徒勞無功。」俗話就叫：「打水飄了。」

月亮代表我的心（三）：心靈移動迷宮的雙子月座

早上七點起床，他／她感到心情雀躍，覺得自己的情緒與清晨的初陽同步；八點鐘吃早餐，無法壓抑住想找人說話的心情，於是跟鄰座的陌生正妹（帥哥）話匣子關不起來的一聊就是四十分鐘；九點零九分，在停止打卡前一分鐘回到辦公室，想起還有七、八件尚待處理的case，心情立馬降到暮冬的氣溫，連接聽電話的小妹妹跟他／她打招呼也懶得理睬；半個鐘頭後，他／她想到暫時逃離困境的方法，跟主管說要去拜訪一下隔壁公司的客戶，事實上，他／她滿心期待的像一陣風般的衝回剛剛邂逅陌生人的咖啡店，等到看著空無一人的座位時，剛剛高昂的心情又一下子跌到谷底；早上十點半，沮喪的他／她回到辦公室，一分鐘後，決定振作，整個人充滿戰鬥精神，一口氣處理掉五、六件案子；十一點四十分，同事們都感染到他／她身上的戰鬥氣息，不敢招惹他／她，這個傢伙卻獨個兒走到窗前，凝視外面的風景，進入老僧入定般的精神狀態；十二點零三分，當所有人準備出外用餐，不干擾他／她獨處的時光時，他／她忽然旋風般轉過身，對大夥兒說：「喂！等我呀！Sandy妳要死了！吃飯不叫我，對了，今天吃什麼好啦？我知道對街轉角開了一家泰國菜……」

是的！你沒猜錯，上面就是一個月亮在雙子座的傢伙一個上午的生活寫照。如果說「情緒化」的意思是指心情一日數變，那雙子月座當然就是標準的情緒化星座囉。事實上，雙子月座的情緒化是有著更深刻的性格因素的，而且，男女大不同。

雙子座是第一個風象星座，也可能是三個風象星座（雙子／天平／水瓶）中平均風速最高的，所以它的情感速度當然很快。雙子座又是溝通者星座，擅長使用語言文字溝通。所以我們很容易發現雙子月座的內心一直在……自言自語，平靜不下來的自言自語。子月人的內在情緒就是平靜不下來，他們的脾氣不會大，情緒度也不會極端的高亢或消沉，子月人的心，只是不會停止的在變化、變化、變化……

如果雙子月座的出生星圖擁有更多的水或火象星座，唔！可能不見得是好事，會讓善變的子月人的心靈沾染更多的情感亂度。子月人需要的是土象星座吧，穩定的土象星座會讓善變的心靈顯得比較平靜與靠譜。如果星圖裡有更多的風象星座？喔！水瓶座就不用了，水瓶加雙子，還像話嗎？可能天平座的習習和風對雙子月座的人來說，會讓他們情緒變化的速度比較趨緩。

一個性格活潑、外向、愛玩的人會喜歡雙子月座的感情伴侶。他們會鍾意子月男或子月女的感情世界的多變、有趣、不沉悶。哈！三溫暖？不只，子月人的內心世界根本就是一座移動迷宮。哈！好玩！

好了！本文寫到這裡也差不……啥？我忘記說雙子月座的情緒化的性格祕密。答案就是我前幾篇文章提過的雙子座的雙重人格呀——外表夏天＋內心冬天的雙重人格。放在月亮星座的內心感情，男跟女也有不同的表現。男生好強，會在情感上強裝出雙子座的向陽面，但事實上他並不是那麼嗨，所以陽光般的情緒會不穩定。女生比較真，會比較不修飾的流露出寒冷的內在情緒。所以，如果你夠細心，也許你會聽到你的雙子月座愛人不斷轉換的情緒背後，隱約傳出輕輕的低泣聲。

月亮代表我的心（四）：媽媽回家的巨蟹月座

總統對人民演講說：「……各位同胞，你們是偉大的人民，這個偉大的國家就是你們的家，而我是管家的，我會像一個媽媽一般無微不至的照顧這個我們從小生長的地方……」

爺爺對阿孫說：「乖孫呀！九月天了，晚上天氣會變涼，出門記得多帶件衣服呀……」

媽媽對出門求學的女兒說：「外頭吃東西要注意呀！現在食安問題那麼嚴重，人工製品火腿培根那些東西就不要吃了，知道嗎？還有早上起來記得空肚子喝杯溫開水，還有一天至少要吃五種水果蔬菜，還有洗臉洗澡完要馬上擦保水保養的，女孩子要懂得保護膚質呀，還有……」「媽！別唸了，我車子趕不上啦！」

一群同事聚餐完要去續攤，Paul在餐廳門口招呼說：「阿浩，你剛剛喝多了，不准開車，你坐老大的車過去，老大，麻煩你囉！Vivian，妳的口紅花了，妳沒看見嗎？那麼大的女孩，真是！阿浩，你的車我開過去，鑰匙給我，什麼？我的車？先停在這兒就好了，我明天再來取。Sam，那個地方你去過是嗎？你先開車帶路。噢！還有，我去買些醒酒液，你們先走。美玲，小凱，你們坐我的好了。還有還有，Sam，小心前方左轉有照相的，不要開太快。喔！還有……」

小嘮叨對她的男朋友說：「孩子，乖，小媽媽抱抱！」然後深情的輕擁著愛人。

不錯！你沒猜錯，上述的男女都有著一個共同的人格特質：月亮在巨蟹座。

事實上，你有看出端倪來嗎？巨蟹月座的人彼此擁有一個共同的身分，是的！就是：媽媽。

月亮在巨蟹座的男女，都是媽媽！

正確的說，巨蟹月座的人不管男女，都是「媽媽型人格」——喜歡幫助、照顧、養育、甚至是哺乳她／他所愛的人。蟹月人很雞婆、很溫暖、真心的對人好、用肉體或精神上的奶水餵養所關心的人。事實上，巨蟹月座的人只有一種人際關係，自己當然是媽媽嚕，至於其他人，當然都是她／他的孩子。其實，「月亮代表我的心」這個系列寫到巨蟹月座可以結束了，因為月亮回家了，巨蟹座正是月亮的保護星座，巨蟹座正是月亮的家。所以巨蟹座與月亮會彼此激發，將媽媽型人格與內在感性發揮到淋漓盡致。巨蟹月亮是滿月，是媽媽感情最飽滿、諧和、柔軟的精神狀態。另外，巨蟹月座除了是媽媽，巨蟹座還是領導者星座，想想也是，一個媽媽要管好一家子，沒有一點領袖的威嚴、霸氣與強能量行嗎？這也是《紅樓夢》裡賈寶玉為什麼說水靈靈的女孩子一嫁人就變不可愛了，因為從女孩到媽媽，她必須變身成一個老闆，你幾時看過一個可愛的老闆？有了！不多吧。剛好我家有一個。（趕快逮到機會拍拍老闆馬屁。）所以，巨蟹月座的相位很重要，擁有正面相位的蟹月人是一個慈母，擁有負面相位的，可能就是一個愛碎碎唸、嘮叨、容易焦慮、放不下、讓自己與孩子都很煩的老太婆囉。所以，在這裡，我得說一個對巨蟹月座的「媽媽們」很重要的生命建議，就是：放手。是的！放手的智慧！這是媽媽型人格必須面對、學習的生命課題！

如果一個月亮在巨蟹座的人的星圖中，還有更多其他的水象星座，可能不好吧，有太多水的媽媽，太容易哭哭啦！如果有太多的土象星座，水與土，都是陰性星座，太陰，太悶，容易水土不服。我認為巨蟹月座缺的是火象星座，火象的能量會讓巨蟹媽媽們變得比較明快、輕盈、開朗。如果同時擁有更多的風象星座呢？螃蟹＋風？不知耶？這個組合怪怪的。

巨蟹月座的性格主題就是同情心強，所以蟹月一族其實是很好對付的，用苦肉計、搏同情，螃蟹們通常會心軟。我在這裡這樣說等於是見光死，巨蟹月座的朋友得小心別人利用你們的同情心。不過別小看螃蟹媽媽，她們其實是很強大的，母愛，是世界上最強大的幾種力量之一。如果你覺得愛情等於溫暖，找一個巨蟹月座談戀愛就對了，你會感到回到母親的懷裡，噢！媽媽！

月亮代表我的心（五）：超級需要掌聲的獅子月座

「咦？老施怎麼呢！一臉大便似的，心情好像超low的？」「不會吧？他剛剛還演講得意氣風發的，我看到老闆和幾個大戶在說明會後一邊咬耳朵一邊頻頻點頭，對老施今天的表現應該很滿意呀！」「但你看看，他一隻人坐著假裝低頭看資料，誰都不理，悶悶不樂的樣子。」「難道跟他正妹老婆吵架呢？」「喂！你們在說些什麼？老施呢？」「施嫂來了。」「他一隻人在那邊搞自閉。」「嫂子，妳跟老施吵架嗎？」「沒有呀！你們部門今天產品說明會，派老施負責報告，我特別跑來給他打氣，哪知我們今天部門特忙，來太晚了。怎麼？老施今天表現不好嗎？」「很好呀！老闆與客戶都應該很滿意。」「搞自閉？我知道了，你們一定少做了一件事。」「嫂子，什麼事啊？」「你們剛剛一定沒有給老施鼓掌是不？」「鼓掌？剛剛老施報告完，老闆立即請幾個大客戶上台致詞，是沒機會拍手呀！但，掌聲有那麼重要嗎？」「你們聽我的，喔！老闆與客人要走了，來！咱們圍著老施，一起給他鼓鼓掌好不？」哈！果然老施在眾人的掌聲中站起來，滿臉春風，完全脫離自閉狀態，彷彿萬獸之王一般接受整個叢林的歡呼。

很戲劇化是吧！

是的！月亮落在獅子座的人就是很戲劇化、單純的渴望得到別人的肯定、讚美與掌聲。

獅子座是火象星座，又是陽性星座，落在月亮，脾氣一定比較大、也性急、情緒化、內心充滿熱情。但個人覺得獅子座是三個火象星座中最好相處的，射手座是火箭，白羊座是火車頭，都有攻擊性，而獅子座的象徵是篝火，提供夜間旅人溫暖的。從某一個角度看，獅子座是三個火象星座中最容易對付的。獅子座又是學習者星座，落在月亮，情緒會顯得比較自我中心。另外，在十二星座的三分法中，一般人都會誤會獅子座是領導者星座，事實不然，獅子座是組織者星座，組織者星座容易固執。綜合的說，獅子月座的人的內心世界很熱、很自我、很固定、很男子氣概；這個族群很渴望得到他人的愛、認同與回應。是的！獅子座就是需要掌聲。好像很虛榮，但只要你給獅子座鼓掌，他／她的內心感情得到滿足，他／她就會變成一個很溫暖、很會照顧人的人，這是一個「明君」。相反的，如果他／她內心的虛榮得不到滿足，一個「暴君」就可能出世囉。所以對付獅子月座的祕密招數很簡單，就是，給他／她鼓掌。

獅子月座的星圖中，如果同時有更多的火象或水象星座，那這隻獅子的情感包袱就太沉重了。多一些土象星座會讓獅群們變得穩定，多一些風象星座則會讓牠們的情感需求顯得比較淡薄，比較不會抱怨別人不愛牠們。

事實上，獅子月座內心的感情世界相對的簡單，獅月人的感情世界不像射手與白羊那麼強烈難搞，獅群們其實很好騙，只要哄哄牠、秀秀牠、說牠好棒、給牠拍拍手，牠就會視你為平生知己，或者把你當成好主人，牠就會變成一隻乖乖的大貓。

喵！好乖！啥威風都沒嚕！還獅子座哩。

月亮代表我的心（六）：情感拘謹壓抑的處女月座

「老師，謝謝您的鼓勵！您誇獎了，我的文章沒您說得那麼好了！我會繼續努力的，謝謝老師！」當你很激賞一個學生的文章，你開心的稱讚她，卻發覺她的回答很制式，你有點小失落，你可能沒注意到她壓抑著的激動情緒。

「小蕙，謝謝妳的喜歡！真的！但我們班上還有許多女孩很好呀，像明美、曉芳、阿妹……」小蕙愈聽愈不是滋味，對她交出推心置腹的感情，她卻把珍貴的友情轉嫁到別人頭上。但小蕙沒注意到她眼眶隱藏著的淚光。

「謝謝你喜歡我！但你不覺得我們才認識不到半年嗎？我覺得你是不是太快了一點……」這已經是他半年來被婉拒的第三次了，男孩傷心的放棄，但他沒注意到，三次婉拒的話語裡沒有一句真正決絕的話。

「小琪，乖，妳做功課的時間到了，不然太晚了妳又沒精神寫了。」小琪不情願的離開媽媽的懷抱，她不懂為什麼每次抱著媽媽，媽媽總有理由將她支開。當然年紀太小的她不會注意到媽媽臉上的神情。

上述就是月亮落在處女座的學生、朋友、女孩、媽媽們處理感情的標準反應。是啊！處女月座的人的情感模式總是很……壓抑。

處女座是土象星座，又是陰性星座，落在月亮，內心感情一定很穩定、很低調、很內斂；處女座也是學習性星座，所以感情型態是自我中心與內收的，而不是走向人群與開放的。處女座雖然是溝通者星座，但女月人的溝通風格是精細而嚴謹，卻不會輕易交出真心。綜合言之，處女月座的內心感情是拘謹、壓抑、小心、低調、膽怯而有點潔癖的。但壓抑與拘謹是不是正好代表，背後隱藏著一份想要釋放卻不敢釋放的感情？

這麼說來，處女月座男女的感情道路必然是比較困難的，所以看女月人的星圖，除了看整體星星的分布，特別得注意她／他的金星星座。月亮是情感人格，金星則是愛情人格，情感拘謹壓抑，那愛情的表現呢？如果女月人的金星是火象或水象星座，那她／他的悶只是初見面時的模樣，等到進入愛情世界，她／他可是情感強烈的。如果金星是風象星座，壓抑＋不穩定，情感的模式有點怪怪。如果金星一樣是土象星座，月土＋金土，太土了吧！感情的釋放將會變得超級困難，就真的可能是名副其實的，處女啦！

說實在的，像我這種粗線條的風象與火象星座，並不太能了解處女月座男女壓抑中隱藏著纖細，的情感世界。雖然我的南北交點告訴我，處女座正好是我的學習對象，但我必須承認，這個功課我沒學好。我只能理性上的理解到，如果你是一個夠耐性、細心、溫柔的傢伙，你一定可以觀察到在處女座長年關閉的心靈祕密花園裡，隱隱透現出絲絲縷縷的柔情與心香。

月亮代表我的心（七）：情感包裝師的天平月座

外交官優雅的步下演講台，全場一致起立鼓掌。兩國的官員都很滿意他致詞的內容同時照顧到雙方的利益與面子。區域性的各國領袖也感到各方的勢力都得到均衡的重視。八卦媒體的記者也無法從外交官的衣著、談吐、詞令上挑出什麼毛病。政治版的記者也覺得這是一篇鏗鏘有力、很有新聞價值的演講稿。但等到記者們回到報社，打開電腦要寫稿時，卻不約而同的闖進總編的辦公室，問幾乎同樣的一個問題：「老總，怪了，今天的演講好像……沒有主題耶？」

出名好脾氣的老董在主管會議上說話，用詞文雅，有理有據，一講就是三十分鐘。但新來的研發部主任小張聽得有點不明所以，會議後，小張看見各部門主管彼此拍肩、擁抱、打氣，彷彿是老同學在開同樂會，小張看得更是摸不著頭腦，趕忙問行銷部的老金到底是怎麼回事？老金說：「你聽不懂剛剛董事長說話的重點是不是？我跟你說，我們老董是出名的開放式管理，他唯一受不了的就是公司內部搞人事鬥爭，所以他剛剛說話的內容其實只有一個重點，就是：千萬不要在我面前搞鬥爭衝突。」小張恍然大悟，趕緊跟其他同事擁抱、拍肩、裝好人。

也許你已經猜到，上面兩個例子就是典型天平座性格的外交家與老闆。天平座是有名的和平主義者，如果月亮落在天平座，那麼，天平月座的男生會讓他的女朋友感到，他的男朋友斯文、溫和、體貼、對所有人都彬彬有禮、對自己也很好、而且待人接物八面玲瓏，真是一個完美情人。但女孩內心深處卻感到遺憾，他對我好，但對其他人一樣很好呀！我沒有感覺到他對我有不一樣的激情呀！

是呀！天平月座的情人就是激情不起來。

天平座是風象星座，但筆者曾說過天平座是和風，是三個風象星座中風速最柔和的，天平座又是分享者星座，所以天平月座的人會將內心的愛，溫和而穩定的吹拂出去。另外，天平座雖然是陽性星座與領導者星座，但筆者也曾經說過：十二星座中，天平座是最娘的陽性星座，而相對的天蠍座是最man的陰性星座，也就是說，天平月座的內心感情是溫柔而篤定的。綜合的說，天平月座是情感的和平主義者，這個族群的內在感情溫文、平和、穩定，但就是強烈不起來。另一方面，親近天平月座的人也許會發現他們的天平月座愛人溫和得有點……假仙，他們很會「包裝」自己內心的真正情感與想法，是的！天平月座就是情感的包裝師。

那麼，天平月座的男女的出生星圖中，如果還有更多的風象星座，那內心感情就太過飄忽不定了。更多的土象星座嘛，包裝+收斂，感情向度就更內悶了。所以天平月座需要的是火象或水象星座，才會有助於感情熱力的提升。

如果你是一個喜愛平靜感情生活的人，你會覺得天平月座真是一個完美情人。但，如果你認為情感必須像烈火、像颶風、像波濤、像海嘯，那你會覺得這些情感和平使者+包裝師真是超級無趣的悶人。對天平月座的人而言，感情更像是天光雲影，而不是海枯石爛。如果你的愛人從不說「我愛你」，也不曾有熱情的擁抱，他／她最愛的就是在閒暇的午後牽著你的手，帶你享受一客美美的下午茶，那他／她很可能就是一個天平月座愛人了。

月亮代表我的心（八）：超級小忠忠的天蠍月座

媽媽皺眉看著床上的小布熊，太久沒清洗的結果讓小布熊發出一種複雜的味道，其中當然包含女兒的氣味。從小女娃到大學生，每天都是女兒的床伴，媽媽清楚知道不要說丟，連拿去洗，都會傷了女兒深藏的感情。媽媽抱起小布熊，心裡油然流過一陣溫馨與擔憂。

年紀漸大的老闆有點驚訝的看著眼前的老員工，正要從他手中接過服務三十五年的勤工獎。眼前的女士已然年華老去，老闆努力回想也想不到太多她年輕時的影子，但正是這個低調的人從公司成立之初就守在自己身邊，多少當年誓言忠心耿耿的夥伴不是跳槽、背叛，就是離職、轉換跑道。看著這個忠心但沉默的老夥計，老闆臉上流露出難得的真心笑容，遞出手中的勤工獎。

「叮噹！」line的呼叫聲響起，她不用打開就知道一定是曉蕙傳來的祝福。每一年，從不間斷，從老話筒年代、電子郵件、一直到今天的智慧型手機，曉蕙總是在自己生日當天的清晨七點傳來問候。她微笑著打開手機，準備接受這個永不改變的朋友送來的溫暖。

獨自一個人坐在沙發上，沒有開燈，彷彿面對著無盡的黑暗，她從靈魂到身體一直不停顫抖。「他竟然背叛我！」傷心的她不知道下一步要怎麼做？殺了他！去找小三！結束自己？談判？跟他倆耗上？她還沒決定。但不管怎麼決定都絕不會包括這一個選項：放過他。

是啊！這篇的主題是月亮在天蠍座，自然上面描述的，正是天蠍月座的女兒、員工、朋友與情人。天蠍座是陰性星座，落在月亮，情感是壓抑而低調的；天蠍座是水象星座，感情充沛呀；又是組織者星座，感情會比較頑固。總結的說，天蠍月座是有名的佔有慾強、嫉妒心強、死心眼、愛記恨，事實上，從好的方面看，天蠍月座會對留戀物、友情、愛情、喜愛的事物忠誠不二，絕不輕言改變。天蠍，就是忠誠。

一個蠍月人的星圖中，如果還有更多的火或水象星座，感情的能量與負擔會顯得太沉重了。如果有更多的土象星座，感情世界會變得更內向，更密不透風，也不是好現象。所以蠍月人需要的是風象星座，讓死忠的感情變得比較輕盈、開放、活潑。

談論月亮星座的系列文章中，一般我不會提到相位，但像白羊月座、天蠍月座這些情感向度太強烈的族群，就可能真的比較需要正面的相位。擁有正面相位的天蠍月座會發揮忠誠、穩重、專注、堅持的美好特質；相對的，相位不好的天蠍月座就是江湖傳說的奪命連環叩、超強嫉妒心、致命的吸引力、封閉感情的執行者。也許，一旦陷入感情漩渦，天蠍月座會陷得很深，但往下的拉力愈大，反彈向上的飛升力道也會愈強，蠍月人啊！準備釋放自己吧！讓自己好好經歷一場由地獄奔向天國的情感神曲之旅。

月亮代表我的心（九）：直腸子＋急性子的射手月座

三個月下決定？太久了！那是天荒地老的時間。一個月？還是太久，我跟你講，感情的事不可能拖那麼久的。十天？開玩笑！考慮那麼長的時間，沒有人敢走進感情之中了，感情靠的是勇氣，不是理智。三天？還是太久。一天？太久。三小時？久。三十分鐘？三十分鐘小孩都生出來了。三分鐘？嘿！我告訴你答案吧：三秒鐘。真的！沒有騙你，只需要一個畫面的時間，我一輩子的感情就移動到她的身上了。

悠閒的走在公園中，忽然心裡閃過一道閃電，一個靈感闖進心田，興奮的他趕緊集中心神思考、整理、記憶，二十分鐘後，他定好了未來一年的工作目標。

宴會上，她一直靜靜聽著好朋友在拍一群客戶馬屁，愈聽愈不是滋味，倏然，她根本沒經大腦衝口而出：「喂！妳拍馬屁也拍得太虛偽了吧！」朋友面子當場掛不住，僅僅三秒，她破壞了一段二十年的交情。

是的！能夠三秒鐘決定一生的感情，十幾二十分鐘想好一年的計畫，三秒鐘得罪一個二十年的老友的，當然就是月亮落在射手座的人才有的能耐。當然，第三個例子還要有天蠍或射手落在水星（直率的知性及語言傾向）的位置配合才能做得出來。反正，射手月座的人就是有在很短的時間內做人生重大決定的能力，這個族群的情感運轉得很快，或者更白話文的說：射手月座的男女很，性急。

射手座是陽性星座，落在月亮，感情是很陽剛的；射手座是分享者星座，落在月亮，感情是外向的；射手座又是溝通者星座，落在月亮，感情與愛是指向具體的人的；而且射手座又是最快的火象星座——三個火象星座中，白羊座的情感最強烈，獅子座的情感最溫和，射手座的則最快速，因為射手座是火箭，帶著陽剛的火焰，指向一個特定的對象，「咻」一聲快速射出的火箭，而且，射出去的箭，是不回頭的。綜合的說，射手月座的男女是直腸子、急性子、感情用事、衝動、直率、絕對是標準的情感動物。這個族群的男女會不會腦殘或少根筋，還真的要看看水星在啥位置。

不只看水星（知性導向），最好一起看看金星（愛情導向）。射月人的水、金如果同樣落在火象星座，這就真的可能是一個感情衝動的無腦人吧。落在水象星座會好一點點，至少會比較溫柔，不會那麼魯莽。落在土象星座會悶燒，內在的感情會燒不出來。落在風象星座呢？水星落在風象星座是好的，頭腦會顯得比較冷靜、機智，金星落在風象星座就……怪怪的，內心熱情，愛情行徑另類，這一定是一個不好惹的傢伙。

事實上，射月人最大的感情特點、利多與利空都是「性急」，就像前文所說的，他們快速強大的情感推力讓他們可以在很短的時間裡面做重大的人生決定，這一點能耐，對過於沉重的土象人及過於溫柔的水象人來說，簡直就是超能力！「三秒鐘決定一生的感情，這是不負責任的行為！」這是土象人的說法。「好厲害呀！你的情感怎麼可以那麼明快？」這是水象人的說法。「就是三秒鐘！感情不是理性的計畫，三秒鐘如果不能走進一段感情，那一輩子都走不進去了。」這就是射月人的說法。但相對的，「性急」也讓射月人一生吃不少苦頭，不斷的發出情感之箭也讓他們一直陷在情感戰場之中，而且「性急」會讓射月人不停的工作、做事，因而過勞，射月人很可能是工作狂，長期下來，會讓健康與心智承受過大的壓力與損傷。所以射月人就是要學習慢活，學習悠閒的生活態度，學習流水的智慧，不要讓自己的感情能量一直不停的向前發射，當然，對這個性急的族群來說，這是一門不容易的功課，但也必須是一門終身的功課。各位看倌，看到這裡，會不會覺得奇怪，我好像談射手月座談得特別清晰，哈！原因很簡單，因為我就是一個標準的射月人。

月亮代表我的心（十）：壓抑型人格的魔羯月座

她看著小潔梨花帶雨般的泣訴，一方面想方設法的安撫、開解這個認識半年的好友，同時內心感到欣慰，小潔應該是對自己推心置腹了，不然怎麼會跟自己講那麼私密的事，於是她也一股腦的將自己的內心世界對小潔和盤托出。

半年後，她有點驚訝地聽著小潔說話，原來她還有這麼一段駭人聽聞的過去喔？認識快一年了，還真沒聽她提過，這應該是小潔的最後一個祕密吧。

三年後，她聽著小潔描述她內在扭曲、陰暗的思維，她覺得心裡有點難以適應，原來她的內心世界還有這種想法！

已經是十年的老朋友囉，老友重聚，小潔一邊喝著咖啡，一邊談著一件她們認識之前發生在自己身上的祕密。看著眼前的這個女人，她感到彷彿從來沒有真正認識過她，也不知道小潔的內心到底還藏著多少祕密。

是的！上面一段文字就是描寫一個月亮在摩羯座的女孩的內心世界。魔羯月座是標準的壓抑型人格，他們會將心事、感情、祕密往內心密室擱著、收著、藏著，寧可自己內傷吃苦，也不願意開放自己的祕密花園。我常常形容摩羯月座像一個有許多層抽屜的盒子，你打開最上層，以為一覽究竟了，結果它還有下一層，打開下一層，還有下一層，打開下一層，還有下一層……

摩羯座是分享者星座，是領導者星座，又是土象星座中的國王，所以魔羯月座的男女的感情當然是他愛的；但摩羯座又是陰性星座，綜合的說，羯月人內心的他愛是低調的、壓抑的、穩重的而有點權謀的。這個壓抑型人格的內心感情是收藏式的。

一個羯月人的星圖中，只要不是有更多的土象星座，其他象度的星座基本上都是好的。多些火象星座會增強羯月人的熱度與動力，多些水象星座會讓他們變得比較柔軟，多些風象星座會比較活潑，就是不要有更多的土象星座了，摩羯月座已經夠悶了，更多的土塊會壓垮他們的感情。

我認識好幾個摩羯月座的朋友，他或她真的都是悶葫蘆、神祕盒子、壓抑型人格，所以他或她內在的心事與感情是很難被察知的；但往往不說話的、不擅表達的、表面安靜的他或她，事實上內心深處潛藏著巨大的感情與曲折。壓抑，不代表沒有，相反的，正因為太澎湃了，才需要壓抑。

月亮代表我的心（十一）：能夠愛一群人卻不太會愛一個人的水瓶月座

「他？他對我很好呀！但他對每一個人都很好呀！他對每一個人都像哥兒們，嘿！我也是他的其中一個哥兒們呀！」

「約會？如果讀書會、人道主義研討會、討論環保議題的私人聚會這些也算約會的吧，我們倒是常常在這些活動中約會。」

「我們約會都談些什麼？唉！他常常跟我談宗教、哲學、社會新聞、人道關懷，哈！妳瞧，我們的約會很有學問吧。」

女孩黯淡的眼神凝視著他，凝視著他臉上的真誠與歡樂，但他的快樂並不是她所獨享的，而是分享給每一個朋友的，可今天是我們的認識三周年紀念日耶！女孩心裡如是想。但在這麼特別的日子裡，他卻帶著她與他的哥兒們一起慶祝。女孩啜飲著杯中的啤酒，感到今天的酒味特別酸苦。

上面幾段文字就是描寫一個水瓶月座男生的女朋友內心的抱怨與哀愁。水瓶座是有名的人道主義者、博愛主義者、自由主義者、離經叛道者、不按理出牌的怪咖以及特立獨行之士；落在月亮星座，會讓這個族群的內心感情變得很豁達、很開放、很自由、很大氣。瓶月人會對每個朋友都很好，他們喜歡人群、喜歡朋友、喜歡高談闊論、喜歡團體，他們的情感充滿人道關懷與理想主義，基本上，瓶月人的內在感情是很健康的。喂！等一下，水瓶月座那麼好，為什麼上文描寫的女孩會不快樂呢？噢！我沒有說清楚。大氣而另類的水瓶座會讓瓶月人能夠愛一大群人，但他們很難專心愛一個人；他們能夠對很多人好，卻不太會對一個人好；他們可以是很好的朋友，卻可能是很爛的情人；他們是情感上的理想家，但人間的感情卻不能只有理想啊；水瓶月座很博愛，卻不懂專情。所以在另一個面相，瓶月人的內心感情很疏離、冷漠，有點不好親近。

水瓶座是陽性星座，是分享者星座，落在月亮，情感是外向而陽剛的。水瓶座又是三個風象星座中最怪異的風——雙子月座的感情最迅速，天平月座的感情最溫和，水瓶月座的感情卻最難測。而且水瓶座又是組織者星座，落在月亮，情感會固執喔。總的來說，水瓶月座的感情世界很健康，但有點不近人情。

水瓶月座的其他星星包含金星（愛情向度）如果有更多的風象星座，感情世界就真的太冷淡與疏離了。如果有太多的土象星座，內心感情會變得矛盾與怪異。所以水瓶月座需要的是火象與水象星座，讓情感飄渺而難以捉摸的瓶月一族比較落回有情人間。

這個族群的感情世界通常很夠義氣、很四海、很氣度寬宏、很瀟灑、很獨立、很爽氣，他們只是不那麼兒女情長，瓶月人真的是很不好的情人嗎？也許轉個念想，你／妳只要能夠跟他們一起奔赴理想，一起參與公共事務，一起討論開闊的宇宙人生，你／妳就會變成他們的革命夥伴呀，哈！革命感情也許是另一種形式的愛吧，不是嗎？事實上，瓶月一族是很有吸引力的族群，要跟他們在一起，就轉換一下傳統對愛的看法與觀念吧。水瓶月座的男女情人們，加油嚕！

月亮代表我的心（十二）：內心隱藏著一體性祕密的雙魚月座

「喂！妳沒感覺到嗎？這個男生怪怪的！」「但我感覺到而且相信他的心是善良的喔！」魚女孩如是回答。

「妳真的決定跟他結婚嗎？跟這個男人結婚是一個冒險呀！」「所有的感情都是冒險，但我感覺到他的心是愛我的。」魚準新娘如是說。

儘管不斷聽到他在外面有小三、花天酒地、搞曖昧的消息，而且已經有好幾天沒見到他的面了，但她還是願意相信在他心深處，還是隱藏著一份愛與真誠。魚妻子如是想。

沒有離婚，但也沒有關心，一整年沒有聯絡，形同拋棄，淚，卻也已經流乾了，魚媽媽擁著兩歲的孩子在說故事，臉上洋溢著愛與滿足，當然，還有相信。「叮咚！」門鈴響後，同時傳來鑰匙開門的聲音，魚女人抬起頭，眸中泛起海樣的深情。

上面描述的就是一個雙魚月座女人情感故事的速寫，魚月人打從心裡信任真愛的存在。

雙魚座是三個水象星座中能量最澎湃的。三個水象星座落在月亮，巨蟹月座會安分地守住一方情感的湖泊，天蠍月座表面恬靜但內在的感情卻是激烈深邃，雙魚月座的內心感情卻像大海一般沒有邊際與浩瀚。雙魚座又是分享者星座與溝通者星座，落在月亮，感情絕對是指向一個他愛的世界。雙魚座又是陰性星座，落在月亮，這浩瀚的愛是神祕而溫柔的。總之，雙魚月座男女的心靈真實感應到愛、理想、浪漫、人性的美好、世界的友善的存在，他們的心毫無保留的信任這個世界，儘管這個不完美的世界一直傷害他們。魚月人的心靈其實擁有著一個永恆的祕密，就是：一體性。雙魚月座的內心始終與外界的人、事、物存在著一體性的繫聯，所以他們當然信任這個世界，難道人還會不信任自己嗎？這就是一體性的祕密。問題是，真實的世界是一個充滿割裂、孤獨、欺騙、矛盾的地方，全然相信這樣的一個世界，魚月人的宿命與際遇可以想見。

那麼，魚月人的水星（知性向度）與其他星星如果有著更多的水象星座，這會是一趟充滿未知與冒險的生命旅程，一個大水滔天的世界究竟會帶來災難還是救贖？還真是未知之數。如果水星與其他星星是更多的火象星座，也最好不要吧，太多的情感能量會變得難以收拾。更多的土象星座也不好，情感充沛加情感壓抑會是一個太矛盾的人格組合。所以魚月人真正需要的是風象星座，讓知性能量十足的風象水星或其他星星稍稍導正情感容易氾濫的雙魚月亮。

雙魚月座內心的愛是理想之愛、浪漫之愛、天真之愛、苦難之愛。魚族們很容易被欺騙與傷害，但如果你或妳正要去傷害一個雙魚月座的感情，請慎重的多想想，因為你或妳可能正要去破壞一個偉大的證明，證明人類的愛有可能是全然無私無慾與無邊無際的。盡量避免去犯下生命中不能承受之殘忍吧，不要去嘗試汙染天真爛漫的人性海洋。

十星的遊戲

JUNE
JULY
AUGUST
SEPTEMBER
OCTOBER
NOVEMBER
DECEMBER
JANUARY
FEBRUARY
MARCH
APRIL
MAY

「十星」的真實身分

前言

寫這些「十星」文章時，某天，回到家裡，紀書告訴我韓良露死了。

我的占星老師韓良露去世了！

我常跟學生說：台灣的占星學家，韓老師是我唯一心裡服氣的一位。

一般只知道韓老師是美食家，較少人知道韓老師的占星學著作的嚴謹與精闢。跟許許多多文化學術界的荒謬現象一樣，韓老師幾本占星學巨著今天已經不太買得到了，唉！才幾年光景！（但本書完稿的時候，韓老師的書又開始翻印了，正該如此！）

韓老師一路好走！去更高的視角壯觀星象吧！

關於十星的身分

1、太陽代表爸爸的能量，父系的能量比較屬於意識層面、理性層面。

2、月亮代表媽媽的能量，母系的能量比較屬於潛意識層面、感性層面。
3、水星象徵我們的知識世界。
4、金星是我們的愛情人格，精神性的愛。好玩的是，韓老師告訴我們金星也是我們的金錢人格。在占星學的世界，愛情與麵包是一體的兩面。
5、火星是我們的性人格，物質性的愛。火星也代表原始生命力。
6、木星是一個人生命中的擴張性能量，傳統的語言叫吉運。
7、土星是一個人生命中的收斂性能量，傳統的語言叫凶運。
8、天王星是潛意識領域中的革命能量。一個人是否具備創新或造反的心理能量，看他星圖中有沒有強大的天王星。
9、海王星是潛意識領域中的夢能量。一個人是否具備理想或夢想的心理能量，看他星圖中有沒有強大的海王星。
10、冥王星是潛意識領域中的激情能量。一個人是否具備神聖或犯罪的心理能量，看他星圖中有沒有強大的冥王星。

「十星」的走路步數

1、太陽跑一圈一年，停留在一個星座一個月。就是我們一般熟知的太陽星座。

2、月亮跑一圈約二十八天。這是女性周期、潮汐周期、水周期、感性周期。

3、水星跑一圈約八十八天。頭腦的能量並不太持久。

4、金星跑一圈比一年少一點。愛情也不是恆常的東西。

5、火星跑一圈大約兩年。意志力可以撐久一點。

6、木星跑一圈十二年，停留在一個星座一年。所以「木星回歸」是十二年的時間。

7、土星跑一圈約三十年，停留在一個星座二年半。所以「土星回歸」約三十年的時間。這就是孔子所說的「三十而立」。

8、天王星跑一圈八十四年，停留在一個星座七年。所謂「七年之癢」。潛意識的壽命是比較長的。

9、海王星跑一圈約一百四十年，停留在一個星座約十四年。一個人一生大約只能經歷六個海王星宮位。

10、冥王星跑一圈約二百四十年，停留在一個星座約二十年。一個人一生大約只能經歷四個冥王星宮位。

「十星」的「強大」

其實研究占星學，也可以不看星圖。

占星學跟所有人性分析的理論與技術一樣，都是「自我了解」這個「大遊戲／The Big Game」中的一部分，事實上，自我了解這個「遊戲」的終極目標甚至不在了解自己，而是在與內在自我的深度對話中，提高自己的覺知、觀看的能力。覺知，才是目的地。也就是說，通過占星學的理論與視野，我們直接檢查、觀看自己的生命內在。

就請你觀看、內視自己是否擁有十星的「強大」：

1、太陽的能量其實指人性中陽光、正面、樂觀、敢表現的一面。內觀自己，0~10分，給自己的太陽能量打分數。

2、相對於日能量，月能量指人性中敏感、細緻、脆弱的覺受與接納能力。0~10分，給自己的月亮能量打分數。

3、水星象徵思考力量的強大。0~10分，給自己的水星能量打分數。

4、金星指審美、感受愛、享受的能力。0~10分，給自己的金星能量打個分數。

5、火星指勇敢、性、衝刺的能力，0~10分，給自己的火星能量打個分數。

6、木星象徵冒險犯難的精神。0~10分，給自己的木星能量打個分數。
7、土星象徵內斂保守的修養。0~10分，給自己的土星能量打個分數。
8、天王星是生命內在革新、顛覆、科學、哲學的能量。0~10分，給自己的內在天王星打個分數。
9、海王星是生命內在做夢、一體感、藝術、宗教的能量。0~10分，給自己的內在海王星打個分數。
10、冥王星是生命內在毀滅、重建、政經、事功的能量。0~10分，給自己的內在冥王星打個分數。

學習覺知、審視、內觀自我內在的太陽系吧。

「十星」的「業力」

請你繼續觀看、內視有沒有帶著十星能量的「業力」：

1、太陽能量發展不好容易變成「虛榮」。

2、月亮能量發展不好容易變成「自閉」、「暗傷」或「神經質」。

3、水星的業力是「知識控」、「依賴知識」。

4、金星的業力是「貪享受」、「迷戀」。

5、火星的業力是「縱慾」、「暴躁」。

6、木星的能量發展不好容易變成「衝過頭」。

7、土星的能量發展不好容易變成「太多權謀計算」。

8、天王星的盲目慣性讓人容易變得「很難溝通」而導致「孤獨」。

9、海王星的盲目慣性讓人容易變得「濫情軟弱」而造成「傷害」。

10、冥王星的盲目慣性讓人容易變得「暴烈偏激」而造就「扭曲」。

檢查一下自己的業力指數吧。當然，在占星學星圖中，負面的星星能量是通過負面相位來表現。

「十星」的「陰陽」

不只十二星座分陰陽，事實上十星也分陰陽，只是十星的陰陽屬性比較少人提到，而且也不是剛剛好五顆星星陽五顆星星陰，十星的陰陽分配是六陽四陰。

六顆陽性星星分別是太陽、水星、火星、木星、天王星與冥王星。四顆陰性星星分別是月亮、金星、土星與海王星。

更深層的意思是指一個人的外在個性、頭腦、行動力、冒險性格、獨立精神與建立功業的野心等層面，理當表現得陽光、進取、勇敢、富男子氣概、大膽、剛強、豪爽，所以陽性行星象徵生命中的男性能量。

另外，一個人的內心感情、愛情人格、守成性格與宗教藝術氣質等層面，就應該是比較細緻、柔軟、謹慎、內斂、洋溢著女性氣質、寧靜、溫暖，所以陰性行星象徵生命中的女性能量。

事實上，陽與陰是生命中的兩極狀態，而終極的學習是要從兩極狀態回歸一體性，所謂兩儀返歸太極。這麼說，發展出飽滿、健康、完整的兩極是回歸一體性的有力憑藉。也就是說，好好反省你的外在個性、頭腦、行動力、冒險性格、獨立精神與建立功業的野心等會不會表現得不夠陽光、進取、勇敢、富男子氣概、大膽、剛強與豪爽？而你的內心感情、愛情人格、守成性格與宗教藝術氣質等層面又會不會不夠細緻、柔軟、謹慎、內斂、洋溢著女性氣質、寧靜與溫暖？如果生命的能量發展過偏，孤陰或孤陽，就可能會對一體性的生命學習造成障礙了，過度陽剛與過度陰柔都是偏鋒。以上所說，就是十星「陰陽」的修行思考。

「十星」的「善惡」

十星又依據世間吉凶的角度，分成善曜（吉星）、惡曜（凶星）與中性星辰（不善不惡）三組。當然，更深層的思考，有時人間善惡的界線不是那麼容易分辨清楚的。

善曜只有兩顆：木、金。惡曜卻有四顆：火、土、海王、冥王。中性星辰也有四顆：日、月、水、天王。

木星是占星學最大的吉星，主萬事順遂、逢凶化吉；但從靈性成長的角度來看，太順利與缺乏橫逆的人生反而會容易造成更大的障礙、沉睡甚至災難。吉，有時會藏著更大的凶。

金星的吉運比較偏狹，象徵愛情、男女、娛樂方面的佳運。但人生的幸福必須同時有著一個基本配備，就是成熟。成熟的幸福才是自由的快樂，不成熟的幸福反而容易帶來放縱的痛苦。不是有許多這樣的故事嗎？中了巨額樂透，對日後人生是福是禍，其實是很難說的。

至於四顆凶星，也有著不同凶的性質，哈哈！死法不同。

火星代表突發性的災禍，像意外、血光之災、猛暴性的疾病等等。但對一個覺知者來說，火星的衝撞也可以激發出深刻的痛苦智慧。

土星代表拖延性的災禍，像壓力、人生重擔、長期性的疾病等等。但對一個覺知者來說，土星的壓力也可以訓練出遇難而上的堅忍。遇到火星的撞擊如果不猝死，遇到土星的考驗如果不被折磨死，就有機會學到不一樣的生命成長功課了。

四顆惡曜中，海王星是唯一一顆比較不會死人的，但海王星的「遭遇」也不好過。海王星的「惡」比較跟醜聞、誹聞、受辱、受騙、不名譽事件等等有關，所以海王星的傷害對女生比較刻骨銘心。但，同樣的，跟本文的一貫脈絡一樣，吉與凶的界線是模糊的，海王星的傷害也可以轉化為更精微的內在經驗。如果一個人被欺騙、被汙辱、被誤解，她能夠通過靈魂的修復將曾經深刻的痛苦徹底放下，那她就走上修行的道路了；但如果將這份傷害的經驗轉化為創作的能量，那就是藝術家的人生了。所以傷害可以始終停留在傷害，那是海王星的沉淪；但傷害也可以蛻變成宗教與藝術，那就是海王星的覺醒力量。

相對的，冥王星的「凶」是真兇，冥王星的災禍都是偏激的災禍，像遺棄、解雇、決絕、生離死別、嚴重打擊等等，冥王星的負面力量是很嚴峻的。負面的力量大，相對的跌到谷底翻轉起來的正面力量也大，冥王星就是大起大落、大敗大成的星星。冥王星像煉獄、像神曲、像靈魂試煉，所以只要通得過冥王星的考試，內在靈性將會得到更大的洗滌、成長與祝福。當然，屬於冥王星的功課都不會是容易的。

再來是四顆中性的星辰，中性的意思就是不善不惡、可善可惡。所以這四顆星星更容易表現一體的兩面，更印證了善惡吉凶其實正是人心自由的抉擇。

太陽的主題是「主見」——但主見可以是自信，也可能是頑固。

月亮的主題是「情緒」——情緒可以是纖細，也可以是情緒化與不穩定。

水星的主題是「知識」——知識如水，水能載舟，亦能覆舟，知識可以造就生命的福祉，也可以成為人類的災難。

天王星的主題是「不測」——不測之喜是不測，不測之禍也同樣是不測。

從更深的角度看，占星學中種種十星、十二星座等元素都無所謂善惡好壞，統統都是中性的存在，而決定中性存在是非善惡吉凶的方向的，全在人心的作用與行動的選擇。也就是說，真正的占星學是能量語言的描述，真正的命理學裡當然有自由意志的存在。命理只是客觀的說出來，最後起決定作用的還是在人心。

「十星」的「德性」

用比較好玩的角度瞧瞧十星的「德性」或「混」的方式：

1、太陽是不曬昏妳也放閃閃死妳的老大。

在人性中，這個部分通常叫自尊。

2、月亮當然就是「月亮代表我的心」囉。

在人性中，這個部分叫心事。

3、水星是天線寶寶＋福爾摩斯的八卦收集站。

在人性中，稱為好奇心。

4、金星是貫徹及時行樂的戀愛控。

在人性中，這個部分通常叫愛情。

5、火星是什麼？嘿咻、嘿咻、嘿咻、嘿咻……

在人性中，這個部分通常不太好聽，就是性慾。

6、木星是雷厲風行＋大張旗鼓的大騷包。

在人性中，這個部分叫冒險。

7、土星是深謀遠慮+謀定不見得動的小孬孬。

在人性中，這個部分叫壓抑。

8、天王星是天上掉下來的餡餅？還是石頭！

在人性中，天王星代表離經叛道。

9、海王星是心事誰人知？

在人性中，海王星代表夢。

10、冥王星是槍擊要犯+神祕導師的雙面怪咖。

在人性中，冥王星是偏激的性格。

「十星」的「度數」

太陽看人格亮度。像火象太陽是比較敞亮的，相對風象與水象太陽就比較黯淡了。土象太陽看的就不是亮度，而是人格厚度。

月亮看情感速度。情感速度這件事是真實存在的——有人情感速度快，有人情感速度慢；有人快熱，有人慢熱；有人直接進入，有人迂迴試探。像白羊、射手、水瓶的情感速度是很快的，而天蠍、巨蟹、金牛、摩羯的情感速度就很慢了。了解對方的情感速度，這牽涉到人際交往與配合的問題。

水星看知識廣度。水星代表一個人博聞強記、包打聽、記憶力強的一面。一般來說，水星在三個風象星座（雙子、天平、水瓶）的知識廣度是比較足夠的。

金星看愛情純度。愛情的重點當然是純粹、沒雜質、不功利。金星在三個水象星座（巨蟹、天蠍、雙魚）的愛情純度是比較高的，風象星座太鬼馬，土象星座考量太多，情感的純粹性就比較難說了，至於金星在三個火象星座（白羊、獅子、射手）看的就是愛情熱度，而不是純度了。

火星看性愛強度。如果強度講的是持久力，火星的性愛與原始生命能量在摩羯與金牛最能得到發揮；如果強度講的是爆發力，那就是火星在火象星座了。

木星看冒險性格的勇度。木星代表性格中冒險犯難的一面，說穿了就是從木星看一個人夠不夠大膽，一個冒險家常常要夠「勇」。木星在白羊、獅子、射手、水瓶的勇度是比較足夠的。

土星看守成性格的孬度。土星代表性格中穩重守成的一面，說穿了就是從土星看一個人夠不夠刻苦，一個苦行者有時要夠「孬」。土星在金牛、巨蟹、處女、天平、摩羯、雙魚這幾個星座是比較夠孬的。

天王星看一個人革命精神的混亂度。革命就是要亂才好，天王星落在水瓶、射手、白羊這些星座，大概就造反得起來了。

海王星看一個人浪漫情懷的腦殘度。愈浪漫愈腦殘，夠腦殘才會浪漫，海王星在雙魚、天蠍、白羊、射手、獅子、天平等星座，基本上腦殘度是高的。

冥王星看一個人偏激能量的深邃度。每個人的性格中或多或少都會有偏激的成分，事實上，屬於宗教或心靈的偏激往往是最深邃也最強大的偏激。冥王星如果落在天蠍、白羊、摩羯、射手等星座上，會擁有一顆深刻的偏激之心。

占星學中的愛與性：金星與火星

十星中，金星與火星就是代表一個人愛與性。

金星象徵愛情人格，火星則是性人格，也代表一個人原始的生命力。所謂愛情人格與性人格就是指一個人在愛情與性慾上所表現出來的態度與狀態，這可以在金星與火星的星座上一窺端倪。至於兩星所座落的宮位，就是愛情能量與性能量發生作用的場域了。金星與火星的占星學符號也很有意思，金星是♀，火星是♂。事實上，火星的原始符號的不是♂，而正是♁。在占星學符號中「○」代表精神性，「＋」代表物質性。所以金星是精神性凌駕物質性之上，為愛而性，這正是女性的生命特質；相對火星是物質性凌駕精神性之上，先性後愛，這正是男性的生命特質。下面將兩星的相對屬性兩兩列出：

★金星

1、愛／愛情人格

2、精神需要凌駕物質需要之上／為愛而性

3、金星的相位不好，造成「移情」現象，愛的失落感容易變質成浮誇虛榮。

4、女性生命特質

5、也代表一個人對金錢的態度

★火星

1、性／性人格

2、物質需要凌駕精神需要之上／先性後愛

3、火星的相位不好，造成「移性」現象，性的不滿足容易扭曲成鬥爭性格。

4、男性生命特質

5、也代表一個人原始的生命能量

愛火與慾火的熊熊燃燒：金星與火星在火象星座

金星與火星在火象星座的特性就是「燃燒」，不管愛火或慾火都在燃燒狀態。

金星在三個火象星座的共同特點是「熱情」。

金星在白羊座是衝動情人。羊族的愛情能量會很強勢，不管是羊男或羊女，都會是情場上主動的獵人，或者是不攻城掠地絕不罷休的情場戰士。衝動情人的好處是他對你的愛是很熱烈的，但如果相位不好，白羊金星所表現的愛情人格會很自我，往往會要求對方配合自己的感情需要，如果對他們提分手，白羊金星有成為恐怖情人的可能。但對付恐怖情人最好的策略是「拖」，因為羊男羊女的憤怒很猛，但不持久，時間稍久，等熱情的負面能量退潮了，就是處理及對話的時機了。

金星在獅子座是溫暖情人。在三個火象星座中，獅子座的愛火是最溫暖、溫和的。獅子情人會很愛你、很照顧你、很包容你，但不要忘記做一個動作——回應他、稱讚他、說他好。負面相位的獅子金星有點虛榮，他需要你告訴他收到與喜歡他對你的好，不然一隻情感受傷的獅子也會是很可怕的。如果你是一個不太會稱讚別人的處女座或魔羯座人格，不會玩拍拍手的愛情遊戲，那這樣的關係就會有點麻煩了。

金星在射手座是情場浪子。射手金星的情人很好玩、很熱情直接、很大膽、很自由開放；但，如果相位不好，射手金星可能是一個情場浪子或花花公子（主），因為金星落在射手座的人會很快、很容易跟別人發生感情，當然，迅速的熱情，也要小心迅速的消失。從某個角度來說，白羊情人要「溝通」，獅子情人得「鼓勵」，而射手情人是最難「駕馭」的——射手金星的情人是最不耐煩、不喜歡慢以及缺乏深度的愛情的。

至於火星在三個火象星座的共同特點是情慾容易「著火」。火象星座的其中一個特點就是「快」，所以代表慾望的火星落在火象星座，在床上或競技場上的表現就是「爆發力」，而不是「持久力」，他們是性慾上或原始生命力上的快閃殺手。哈！快。如果是火象火星的運動員，適合的運動項目是一百、二百或訴求爆發力的短途競技，而不是五千、一萬或馬拉松等長途項目。

火星在白羊座真的是「超級快」。白羊火星在性的需求上衝力很大，相位不好，還可能帶點傷害或強制的味兒。

火星在獅子座是「普通快」。獅子火星的性愛比較溫暖，比較會照顧對方的需要，但相位不好，就會有一點支配慾的意味。

火星在射手座也是「非常快」。儘管射手火星的速度與衝力比起白羊火星稍稍慢一點，但不管男、女射手的性愛作風都是大膽、直接、赤裸裸。事實上，火象火星的男、女都有點「花」的嫌疑，尤其是相位不好的射手火星。

愛你在心口難開與慾火難禁卻須禁：金星與火星在土象星座

金星與火星在土象星座的特性就是「壓抑」，感情或慾望在壓抑的狀態。

當然，金星在三個土象星座的壓抑是愛情人格的壓抑。

金星在金牛座的壓抑表現為「遲鈍」。是啊！金牛情人就是傻傻的。金牛金星不是無感，他們就是慢、溫吞、後知後覺。如果你需要的是轟轟烈烈與戲劇化的愛情，牛男牛女們一定是不及格的情人。其實牛族的愛是很溫暖的，甚具溫度，你的牛情人可能會帶你去吃最棒的食物，送你質料最好的衣服，但，鮮花？牛男可能就不會想到了，牛女也不會主動圍著你的脖子說「我愛你」。是呀！金牛金星是愛情上的實用主義者，他們的愛通常會通過實際的東西來表達。事實上，筆者個人認為三個土象金星中，金牛金星的愛是最平易近人的。

金星在處女座的壓抑表現為「拘謹」。是的，處女金星的愛情人格就是有點放不開、有點潔癖、有點過度內斂、有點太小心翼翼、甚至有點彆扭。但就像這個星座本身的名字一樣——儘管表面矜持，但少女情懷總是對愛情有著很大的憧憬的。所以當處女金星的另一半要心思細膩一點，才能品嚐到少女拘謹外表下情意綿綿的細緻與忠誠。

金星在摩羯座的壓抑的表現正是「壓抑」。魔羯座的特性就是悶，所以金星落在這個星座就是愛情上的悶騷人格。因為太悶，騷不騷就不敢確定了，但悶是一定的。是啊！摩羯金星的愛情人格很壓抑，藏掖著太多的祕密情感與心事，照道理推，之所以要壓抑，一定是恐懼內在情感的太過澎湃而容易失控，如果加上相位不好，就真的是那種愛你在心口難開的自虐男或苦情女了。

至於火星在三個土象星座的壓抑當然就是指性人格的壓抑。上一篇文章說火星在三個火象星座的共同特點是情慾容易「著火」，那火星在三個土象星座的共同特點是情慾的「悶燒」。因為壓抑，所以悶著燒。土象星座的其中一個特點就是「慢」，所以代表慾望的火星落在土象星座，在床上或競技場上的表現就相反的是「持久力」，而不是「爆發力」了，他們是性慾上或原始生命力上長期抗戰的戰士。是的，如果用流行對性表現的標準，土象火星的男女是擁有最強大性能量的慾海子民。如果是土象火星的運動員，適合的運動項目就是五千、一萬或馬拉松等耐力型競賽了。

火星在金牛座的性能量「很強」。金牛火星「悶燒」的能耐不弱，但牛族的性習慣有點太過傳統，有點大男人（或大女人），尤其相位不好。

火星在處女座的性能量「應該很強」。但處女火星有點放不開，所以可能是一個有點難搞的性伴侶。但如果「燒」起來了，那可是少女「性」事誰人知喔。

火星在摩羯座的性能量「非常強」。因為魔羯座最壓抑，所以「悶燒」的能量也最大。摩羯火星很動物，是那種可以為性而性的慾海眾生，但魔羯座又很膽小，不敢隨便造次，所以在安全關係中才敢進行「八年抗戰」。真的是慾火難禁卻須禁，但「禁」很可憐，讓摩羯火星無性，就像讓雙魚金星沒有愛情一樣難堪，是的，不要歧視性，那是必須正視的天然能量與課題。

另類的愛情玩家與慾望格雷：金星與火星在風象星座

金星與火星在風象星座的特性就是「另類」，風象火星與金星的性與愛並不是傳統型態的性與愛。

金星在三個風象星座帶我們去談一場另類、不一樣的愛情。

金星在雙子座視愛情為一場「遊戲過程」。雙子情人就是愛玩、不耐寂寞、活潑、聰明機智，他們視愛情為一個好玩的遊戲，而不喜歡責任、嚴肅與規定。如果你要一場多姿多彩的戀愛，找雙子金星的情人就對了，但要小心萬一你的情人相位不好，雙子金星的缺點可能是輕浮與背叛。其實他們的重點不是另結新歡，而是要繼續破關——破愛情遊戲的關，所以想要收伏你的雙子情人，跟他們玩吧，而且要換花樣喔。

金星在天平座視愛情為一場「美的歷程」。準備好去經驗一場美麗的愛戀吧！你的天平情人會引領你進入一段美的歷程。而且他們通常是風度翩翩或婀娜動人，天平金星的情人會帶你去高級餐廳、博物館、藝廊、黃昏的海灘、喝美美的下午茶……這真是一場美麗的邂逅，哪怕連分手時也不乏美麗動人的詞藻。缺點？當然有缺點，任何愛情都一定有缺點，而天平金星的缺點就是——你可能會覺得你的天平情人的愛有點……空泛、有點浮誇、有點不深刻、有點過度包裝、有點因為太漂亮了而反而讓人覺得不真實。哈！就是嘛，要深刻熱烈的愛情就去找神經病的火象星座或自虐狂的水象星座，天平金星不提供海枯石爛，而是為你展現一幅精美的愛情圖卷。

金星在水瓶座視愛情為一場「驚奇旅程」。如果你認識一個瓶子情人，準備跟你的情人去玩，不！去冒險吧！如果你的瓶子情人邀請你辭掉工作當背包客環遊世界，如果你的瓶子情人邀你去探討彼此前世今生的生命意義，如果你的瓶子情人說要為你舉辦一場裸體婚禮，如果你的瓶子情人計劃跟你移民火星！哈！別太驚訝，水瓶金星就是會讓你的身、心都經歷一趟不平凡的愛情旅行。可萬一你的心臟不夠大，你喜歡的是平凡的人間之愛，我的媽啊！強烈建議：換一個正常一點的情人吧。

火星在三個風象星座帶我們去經歷一場另類、不一樣的性愛。

火星在雙子座的性必須「好玩」。相位好，雙子火星是一個有趣的床伴；相位不好，這可能是一個劈腿男或花痴女。其實，不管雙子火星是好玩還是花，都是由於「好奇」，雙子男、女就是覺得性是一個急待探索的有趣遊戲。表現在體育競技上，雙子火星適合智力型的項目，譬如：排軍布陣的教練、球探或智慧型球員等等。

火星在天平座的性需要「美感」。愛美的天平座連上床都要美美的，所以天平座的性需要有美感、氣氛、燭光、音樂、美酒、鮮花以及甜言蜜語……哈！是的，天平火星上床需要頗多道具，唯美的道具。但性是原始的生命能量，過多的人為包裝，有時候反而會顯得疲弱。表現在體育競技上，火星落在這個星座能量會變弱，因為性情和平的天平座是不會喜歡競技場上的廝殺與對抗的。

火星在水瓶座的性充滿「不平凡」。說不平凡是好聽，其實水瓶火星的性就是——古怪。充滿創意的水瓶座，在性的表現上，也充滿另類、搞怪、顛覆、驚嚇的花樣；如果相位不好，什麼手銬、綑綁、五十道陰影之類的，就是這個族群愛玩的玩意。表現在體育競技上，水瓶火星也就適合一些怪怪的運動項目吧，什麼高空彈跳、跑酷、寶可夢等等非傳統的玩意兒，瓶族們最是玩得興高采烈了。

一往情深與靈慾交媾：金星與火星在水象星座

金星與火星在水象星座的特性就是「感性」。在愛情中加進了感性是如魚得水，在性能量中加進感性會產生性感還是其他的什麼化學作用？就很難說了。

金星在三個水象星座的愛情是一場「柔情似水」的愛情。水象金星就是愛情能量最澎湃充沛的金星。

金星在巨蟹座的愛情是一個「小湖的邂逅」。巨蟹情人的愛溫暖，有家人的感覺，跟蟹族們談戀愛，就舒服得像在美麗的湖畔徜徉漫步。但，如果相位不好，會感到你的巨蟹愛人嘮叨得有點像你媽。

金星在天蠍座的愛情是一道「靜水的深流」。天蠍情人的愛深邃，所謂至死不渝的愛情就是指這一款，跟蠍子們談戀愛，就像靜水深流——表面匕鬯不驚，內裡暗潮洶湧。而且，如果相位不好，千萬不要背叛天蠍金星的愛情，因為對愛情絕對死忠的蠍子們絕不忍受背叛，否則背叛者所要面對的恐怕就不是愛情文藝片那麼簡單了。

金星在雙魚座的愛情是一場「海樣的浪漫」。雙魚情人的愛浪漫，魚族就是情人中的情人，跟魚男魚女們談戀愛，就像泅泳在壯闊瀚漫的大海，動人，卻危險。如果相位不好，你會發現魚族太執著不能分離，有時候太澎湃的愛會造成太澎湃的傷害。

火星在三個水象星座的性愛是一場「靈慾交纏」的複雜冒險。火星在水象星座的性絕不會是單純的性，水象星座會在性能量中加進許多情緒、感覺、情感甚至靈魂的成分。

火星在巨蟹座的性是「溫暖」的。巨蟹火星的性愛是細緻、溫馨、體貼、呵護的，也許性能量不夠強烈，但蟹族的性一定會帶給伴侶很多安全感與親密感。如果落在運動項目，筆者必須說巨蟹座與火星是不麻吉的，巨蟹座並不支援運動員的能量。

火星在天蠍座的性是「激情」的。天蠍火星的性愛是激烈、深邃、強大、炙熱的，火星遇上天蠍座，等於天雷勾動地火，性能量會因此變得更強更深。事實上，天蠍火星的激情不僅僅表現在床上，甚至可能達成文學藝術的激情風格。如果落在運動項目，天蠍火星有可能造就一個激動或具有強大意志力的運動員。

火星在雙魚座的性是「融合」的。雙魚火星的性愛是浪漫、龐大、奉獻、犧牲的，雙魚座的生命祕密是「一體感」，表現在火星的性愛能量上，正是尋求靈與慾的交媾及整合。如果相位不好，魚族的性會帶有傷害、自虐的況味。至於落在運動項目，追求「一體感」的雙魚座與強調對立性的運動競賽顯然是矛盾，有什麼項目適合雙魚火星的運動員呢？嘿！也許有，太極拳。

金星十二宮的愛情巡禮

金星所屬的星座指不同類型的愛情人格，而金星所座落的宮位就是指愛情人格與能量落在不同人生舞台的表現了。而由於每個宮位的性質不同，有時候所展現的金星能量就不一定與愛情有關。

金星在第一宮（自我之宮）有三個可能的解釋：1、對星圖主人的「自我」來說愛情是很重要的一部分。2、星圖主人的性格中有一份很唯美、很細緻、很女性化的氣質，尤其當金星是屬於水象星座。3、第一宮也掌管外觀占星學，所以金星在第一宮，相位好的話，可能產生外貌美妍的俊男美女。

金星在第二宮（財富之宮）比較可能是指財運不錯，而且可能適合賺女人錢，因為金星除了象徵愛情人格，也是金錢人格，而且是吉星。也可能代表女性緣與財運的糾結。

說實話，金星在第三宮（知識之宮）的含義比較抽象，可能是指早年的學習生活或兄弟姐妹之間（第三宮也是兄弟宮）有一份美好或脆弱的經驗。也可能代表兄弟手足中女性的成員。

金星在第四宮（家庭之宮）有幾個可能性：1、有一段美好或脆弱的家庭歲月。2、跟家裡其中一位女性成員緣份特別深。3、也可能是指青少年時期的初戀事件。

金星在第五宮（創造力之宮）就得其所哉了。第五宮是管創造力的宮位，又是「戀愛三部曲」第一部的戀愛宮，金星落入此宮有幾個可能解釋：1、星圖主人有一種跟美感、文學藝術、女性能量相關的創作才華。2、在愛情能量上，金星與第五宮會相互加乘。當然，相位的正與負，就是正桃花與爛桃花的差別了。3、相位好的話，金星在第五宮也可能代表偏財運。

金星在第六宮（工作之宮）也有幾個面相：1、可能指工作性質跟女性、美感、文學藝術有關。2、相位好的話，也可能指職場上的女性貴人。3、直接就表示在職場上遇見愛情。4、因為第六宮也是健康宮，所以負面相位的金星可能代表婦女病。

金星在第七宮（人際關係之宮），也是如魚得水。第七宮是人際關係之宮，也是「戀愛三部曲」中第二部的婚姻宮，金星落入此宮算是回家了，所代表的意義也就很簡明，正、負相位就是象徵婚姻、重要人際關係上的助力與困難。

金星在第八宮（業力之宮）有兩方面的含義。第八宮是隱喻前世業力的業力宮，也是象徵因人得財的他財宮。金星在此宮，相位好的話，指投資理財方面的好因緣，或前世留下的好情緣；相位不好，就是投資理財的利空，也可能指前世遺留下來跟兩性關係有關的業力債務。

金星在第九宮（哲學之宮）的正、負相位可能象徵深造、異文化學習或異國情緣的正、負面能量，因為第九宮是哲學宮，也是旅行宮的緣故。當然也有可能指在學習場域中遇見愛情。

金星在第十宮（事業之宮）的幾個可能解釋很接近：1、指職場愛情。2、或許是事業場域中重要的女性關係。3、也可能指經營跟女性、兩性、藝術等有關的行業。

金星在第十一宮（理想之宮）的意義，就是比喻愛情或女性能量出現在社團、非功利組織或朋友場合之中。

最後，金星到了第十二宮（宗教之宮），可能指愛情發生在宗教場合，也可能指一些偏向女（陰）性能量的修行方法，如果相位不好，也是有可能代表宗教領域上的情感欺騙事件。

火星十二宮的性愛之旅

火星所屬的星座指不同類型的性能量或性人格，而火星所座落的宮位就是指性能量落在不同人生舞台的表現。而由於每個宮位的性質不同，有時候所展現的火星能量就不一定與性有關。

火星在第一宮（自我之宮）有很清楚的兩個解釋：1、星圖主人的性格中有一份很衝動、很勇敢、有點粗魯、很男子氣概的氣質，尤其當火星屬於火象星座。2、第一宮也掌管外觀占星學，所以火星在第一宮，可能產生中等身材而體格強健的男男女女。

火星在第二宮（財富之宮）比較可能指一份賺錢的強大決心，相位很不好的話，就要小心金錢的災難囉。

火星在第三宮（知識之宮）的含義也比較抽象，可能是指早年的學習生活或兄弟姐妹之間（第三宮也是兄弟宮）有一份剛強或魯莽的相處經驗。也可能代表家庭中兄弟數較多，或象徵兄弟手足中的男性成員。

火星在第四宮（家庭之宮）有幾個可能性：1、原生家庭的氣氛比較陽剛而有朝氣，相位不好有家暴的可能。2、跟家裡其中一位男性成員緣份特別深。3、也可能是指早熟的性經驗？

火星在第五宮（創造力之宮）的能量也是很強大的。第五宮是管創造力的宮位，而性與戀愛事實上也屬於廣義的創造行為，火星座落此宮有兩個可能解釋：1、星圖主人有一種陽剛風格的創作才華。譬如：梵谷的畫風、貝多芬的樂風等等。2、火星與第五宮在性與愛的能量上會相互加乘。當然，相位的正與負，就是正桃花與爛桃花的差別了。尤其女孩要特別注意，火星在第五宮的爛桃花，是很可能跟性有關的。

火星在第六宮（工作之宮）主要有兩個面相：1、星圖主人擁有強大的工作能量與決心，相位不好則容易在工作場合與人衝突。2、第六宮也是健康宮，所以負面相位的火星要小心血光之災、意外事故、猛暴性或性方面的疾病，如果相位真的很不好，女性也要小心難產方面的問題。

火星在第七宮（人際關係之宮）的意義很簡單，正面相位就是婚姻關係的如膠似漆或人際關係的情深義重，負面相位則可能指婚姻關係的暴力或人際關係的衝突。

火星在第八宮（業力之宮）有兩方面的含義。第八宮是隱喻前世業力的業力宮，也是象徵因人得財的他財宮。火星在此宮，相位好的話，指投資理財方面的衝勁與行動力，或前世留下的「關係」；相位不好，就是投資理財的太過衝動，也可能指前世遺留下來跟性有關的業力債務。

火星在第九宮（哲學之宮）的正、負相位象徵研究行動、異文化學習的衝勁或挫折，因為第九宮是哲學宮，也是旅行宮。當然也可能指出國旅行時的性、衝撞或意外。

火星在第十宮（事業之宮）一般的意思是指在事業領域中的衝刺力與衝突性。

老實說，火星與第十一宮（理想之宮）的調性實在不太合——火星粗魯直率，十一宮嚮往精神性的追尋。所以火星在此宮的意義大概是指追求理想的強大行動，但也容易引發在理想性社團或朋友圈中的人事衝突。

最後，火星到了第十二宮（宗教之宮），可能指宗教工作的行動與衝刺，也可能指一些傾向男性能量的修行方法，如果相位不好，小心練功「走火」，也可能象徵宗教領域上的性侵事件。

木土世界：冒險之王與壓力之神

木星與土星是在星星遊戲中的難兄難弟，木土的世界永遠是鏡像的關係。

木星是傳統占星學中最大的吉星，土星是傳統占星學中最大的凶星；木星是常常不管不顧的冒險之王，土星是永遠提供重量的壓力之神；木星的優點是勇敢，缺點是魯莽，土星的優點是慎重，缺點是膽怯；木星讓人覺得年輕，土星使人感到年老；木星不服老，土星不行險；木星的主題是「放大／擴張」，土星的主題是「壓抑／收斂」；所以木星是擴張之星，土星是收斂之星；木星代表人生中的順境與順勢，土星代表人生中的逆境與逆勢；木星代表好運與導致好運的行為模式，土星代表惡運與造成惡運的行為模式；所以木星所座落的宮位是福星高照，相對土星所座落的宮位是逆境壓制；那麼木星能量會讓人覺得人生很容易，相對土星能量卻使人感到生活很艱難；我想，木星最大的價值是冒險精神，土星最佳的資產是憂患意識。

接下來一系列的文章，就開始一一討論木、土星在十二宮位與十二星座的效應。因為不是通過木、土星分析十二宮位或十二星座，所以主人翁是木、土這兩顆「星星」，而不是宮位或星座，所以這一系列文章是列在「十星的遊戲」這一輯之中。

木土在第一宮：自我膨脹與自我壓抑的性格型態

「這傢伙有病吼！那麼敢！」
「人家後台硬出身好嘛！聽說他的家世不錯。」
「那也不必這麼搖擺呀！棒打出頭鳥，先冒出來的準被打。」
「那也不一定喔，沒聽過嗎？勇於應戰的必不死於戰爭。」
上面這兩個人所談的冒失傢伙，可能就是一個木星在第一宮的人。
「但相對於大目，阿圖做人穩重多了。」
「那不是穩重，是膽小、怕死好不好！」
「至少不會像大目那麼衝，那麼討人厭。」
「討人厭的人是沒有威脅性的，但性格陰的人就不一定了。」
他們所說的阿圖可能是土星在第一宮的性格壓抑的人。
第一宮是自我之宮，木星進入此宮會讓星圖主人的自我被放大，性格會顯得大膽、自信、敢衝，如果相位不好，則可能是一個自我膨脹的人。相對的如果土星進入第一宮，會讓星圖主人的自我被壓制，性格則會變得低調、內斂、深沉，如果相位不好，則可能是一個太過懦弱自信不足的人。木星在第一宮，如果相位很好，可能代表星圖主人家世顯赫，相對的土星在第一宮則有比喻出身貧困的可能性。另外，第一宮也有管「外觀占星學」的領域，木星在第一宮的人身量高胖，而土星在第一宮的人身材也高，但骨感結實。還有要注意木、土回歸的問題：「木星回歸」十二年一個週期，所以星圖主人十二、二十四、三十六、四十八……歲時，會感到自我被放大，這一年會特感到勇氣充滿，特想搞事；「土星回歸」則二十九年半一個週期，所以星圖主人三十、六十……歲時會特感到自我被壓抑、施展不開或壓力沉重的倦怠感。當然，如果在第一宮的木、土同時有其他星星相伴，則太過冒險犯難與低調陰沉的個性就有被影響、調整、平衡的可能；如果剛剛好木、土同在第一宮，則這可能是一個進退收放間猶豫不決的矛盾人格了。

★ ★ ★

「衝衝衝！我火大了！我不要停，我要一直衝衝衝……等一下，不是啦，我不是要放棄了，唔，有點累，讓我歇一歇……累！好累……（喘氣中）」

這就是白羊木星的德性，衝力很猛，威力強大，但常常……三分鐘熱度，韌力往往不是白羊木星的強項。進一步，如果白羊座木星的相位很不好，那就要注意了，有象徵人身安全或情緒暴躁的危險與可能。

「等一下，不急。著急什麼？稍安毋躁。等一等……再等一等……看準時機再……我　要　變　身了！」「哇！好可怕呀！救人啊！有怪獸唷！」

這就是土星白羊的可怖，剛開始以為這是一隻低調生物，不是！土星白羊只是在儲備能量，一旦爆發的破壞性可不是木星白羊所能相比的。白羊座與土星其實可以合拍，這兩個傢伙合體，其實就是火爆＋陰險的組合。

木土在第二宮：大膽賭一把與穩紮兼穩打的理財態度

「哇！那是好大一筆錢耶！就那麼敢出手！這個時機……」

「是啊！挺大膽的，也許是逆勢操作吧。」

「逆勢操作？還是錯誤投資？這種市場的氣氛？會不會玩太大呢？」

「也許吧，但你看這個大目老闆過去的進場記錄，不一定精準，但絕對是很會造勢。」

是啊！大目老闆是一個木星在第二宮的人，但木星在第二宮就一定是財星高照嗎？。

「喂，要不要進場呢？」「再看一看。」

「過三天了，要不要先將資金準備好？」「再等一等。」

「那要不要開個會聽聽大家的意見？」「容我再想一想。」

「什麼都不做！機會飛走了，要不要把公司收一收啊？」「收公司？先緩一緩。」

這是一個對處理金錢慎之又慎的土星在第二宮的人。

第二宮是財富之宮，木星進入此宮會讓星圖主人在處理金錢上變成一個冒險家或進攻型人格，也許本身性格很保守，但碰到金錢就容易變得躍躍欲試，如果相位不好，則可能大意失財。相對的如果土星進入第二宮，會讓星圖主人在金錢上顯得過於小心翼翼，如果相位不好，則可能代表貧窮或賺辛苦錢。當然，第二宮的「財富」，不一定指有形的金錢，也可能比喻無形的財富，像榮譽、成就、智慧、名聲等等，而木、土所表現的，仍然是勇於爭取與小心經營的不同態度。另外，木、土回歸在財富的問題上：「木星回歸」十二年一個週期，所以星圖主人十二、二十四、三十六、四十八……歲時，會感到這一年特別大方、揮霍或出現大宗的投資計畫；「土星回歸」則二十九年半一個週期，所以星圖主人三十、六十……歲時會特感到匱乏或財務困難。當然，如果在第二宮的木、土同時有其他星星相伴，則財富上的好運與惡運就有被影響、調整、平衡的可能了；如果剛剛好木、土同在第二宮，則星圖主人對財富的看法可能很糾結，實際的財運也可能很複雜交纏。當然，要視星星具體相位的正負強弱而定。

★ ★ ★

「噢！我喜歡美食。哈！我當然也喜歡錢呀！是的，我也喜歡收集東西。我喜歡享受人生，我喜歡美酒，我喜歡舒適的環境……」

金牛座愛享受愛收集的氣質被木星放大，就可能出現一個美食家、品酒家、收集專家、享樂主義者……如果金牛木星相位不好，就可能是是一個放縱享樂的人。

「錢不能亂花呀！存起來。不要亂買東西呀！存起來。不，不要亂投資，存起來。什麼？小寶紙尿布不夠，省著用，改用傳統尿布，我來洗。」

其實金牛座與土星並不麻吉，一個很愛享受，一個不小心就會將自己的日子過得很苦。金牛土星，相位好的話，會是一個善於規畫、開源節流的人；萬一相位不好，就可能是一個守財奴或小氣鬼了。

木土在第三宮：小時了了的人生與冏小孩的歲月

「好，公布段考成績了：嘿！朱小目，又是你班排第一。」「對不起老師，我不小心的了。」

「好小子，還會拿翹。」「報告老師，我真的沒怎麼讀了，隨便考考的。」

「哼！你不記得《世說新語》孔融『小時了了』的故事。」

「『小時了了，大未必佳』？報告老師，沒關係啦，大未必佳也好歹能混個老師當當啦。」

小目就是一個木星在第三宮的主，一般來說，木星在第三宮的都是聰明孩子，小時了了，但到底是不是大未必佳，那就再說了。

「這一次全班成績吊車尾的……沙小圖，怎麼又是你！」「報告老師，鵝有認真……準備耶。」

「沒用功努力，還要為自己找理由！」「老師，鵝真的……」

「去！去給我寫反省書，下午再找你父親到學校談話。連講個話都不清楚，一直什麼鵝鵝鵝的。」

「……」

「朱小目每天在玩的時候，鵝每天都溫習到深夜，都不信鵝，爸爸一來學校鵝又要被K了！」沙小圖心裡哀怨的想：「而且鵝發音不準嘛，鵝又不是故意要鵝鵝鵝的。」

沙小圖是一個土星在第三宮的冏孩子，從小沒少被K、被罵、被冤枉、被修理，這樣的孩子大佳不佳不曉得，但可以肯定小時一定不了了。

第三宮是知識宮或初等教育宮，木星進入此宮，只要相位不要太壞，會讓星圖主人在幼學、基礎教育、知識學習上變得容易成功，這可能是一個知識廣博的人，也可能指一個在表達、寫作能力上很popular的人，當然也可能代表兄弟運或兄弟數上的旺盛能量。相對的如果土星進入第三宮，會讓星圖主人在幼學、基礎教育、知識學習上變得比較困難或艱辛，這是一個在學習上過度小心翼翼的人，也可能是一個表達能力比較困難的人，當然也可能代表兄弟運或兄弟數上的能量貧弱。當然，第三宮的「學習」，僅指大學之前的基礎教育，要看進一步高等教育的考試運，則是第九宮的範圍了。另外，木、土回歸在學習的問題上：「木星回歸」十二年一個週期，所以星圖主人十二、二十四、三十六、四十八……歲時，會感到這一年的學習能力與表達能力特別強；「土星回歸」則二十九年半一個週期，所以星圖主人三十、六十……歲時會特感到在思考、學習、頭腦、表達上的能力低潮；另一點要特別注意的，如果第三宮木、土的相位不好，就要小心「回歸」時在契約文書上容易出問題。當然，如果在第三宮的木、土同時有其他星星相伴，則學習上的好運與惡運就有被影響、調整、平衡的可能了；如果剛剛好木、土同在第三宮，則星圖主人的學習及表達能力的表現可能很糾結，這隻孩子有時是朱小目，有時又像沙小圖，時而聰明時而笨，是一個小時了了與冏小孩的混合體，早年的學習路途當然就比較複雜了。

★　★　★

「我喜歡各種心智遊戲！我喜歡看書！我喜歡講話！我喜歡寫東西耶！」朱小目喜歡種種知識性的學習與遊戲。

雙子座的活潑氣質被木星放大，基本上雙子座與木星是很麻吉的，兩者結合，可能會出現一個學識淵博的學問家、流行作家、善於談話交際的人……當然，也包括那個小時了了的孩子。

「……」沙小圖沒時間跟我們說話了，他總是埋頭書本，搞得自己焦頭爛額。

雙子座與土星並不麻吉，一個很活潑，一個太嚴肅。但我們不要小看沙小圖，如果他的雙子土星相位夠好，雖然他還是會比一般小孩花更多時間在學習上，但他的優點是肯吃苦，一旦開竅了，反而會取得學習上的大成就，就像金庸小說《射鵰英雄傳》裡的小笨蛋郭靖。

木土在第四宮：小公主小王子的童話世界與苦兒流浪記

「小目乖，想要什麼，爸爸買給你。」

「小沐別哭，奶奶沒事了，不是奶奶沒感覺了，是妳的腳踏車壓到的是阿公的腳啦。」

「哥哥，小目還小，讓他騎一下牛牛嘛，給弟弟騎一下有什麼關係呢？」

「周小沐，妳來上課了，妳來了老師就覺得可以開始講課了。大家看看，小沐今天像個小公主是不是很可愛噢！」

上文的小目與小沐就是木星在第四宮的小王子小公主，只要相位不太壞，一般來說，木星在第四宮都代表星圖主人擁有彩虹般的成長歲月與家庭生活。

「沙小圖，你今天衣服又沒洗，都發出味道了！老師不是要你每天換洗衣物嗎？」「報告老師，鵝們家洗衣機壞了……媽媽說暫時沒錢買。」

「哦！小圖，你今天沒交作業啊？」「老師，媽媽沒給鵝買筆記本的……」

「咳，咳，知道了。但是你為什麼明天又要請假，你上個月已經請假一個星期了耶？」「報告老師：上個月是鵝奶奶死了要請喪假，這個月鵝阿嬤也死了，所以又請假，而且兩天前鵝家的再見可魯也再見了，還有……」

「好了好了！別說了。但是，小圖……」「老師，什麼事？」「你還是罰寫一百遍『鵝以後不要那麼衰了』。」

沙小圖是一個土星在第四宮的孩子，就算土星的相位正面，也象徵一個辛苦的童年，萬一相位不好，小圖從小就習慣演出苦兒流浪記了。

第四宮是家庭宮，木星進入此宮，只要相位不要太壞，星圖主人的家庭緣或幼運應該會不錯，這應該是一個受寵被愛長大的孩子，當然，如果相位不好，就可能會被寵壞囉。相對的如果土星進入第四宮，會讓星圖主人在幼運、家庭緣、親子關係上變得比較困難或艱辛，如果加上相位不好，就有家境貧困或家中變故的可能性。當然，第四宮的「家庭」，更深層的意義是指一個人內心的歸屬、安全感與情感的支援，而木與土，就象徵這份內心情感能量的加強或削弱。接著，考慮木、土回歸的問題：「木星回歸」十二年一個週期，所以星圖主人十二、二十四、三十六、四十八……歲時，會特別「感到」家中有大事發生，不管是好事還是壞事；「土星回歸」則二十九年半一個週期，所以星圖主人三十、六十……歲時會特感到家運艱難或家裡出狀況，也可能發現家裡成員的溝通被卡得特嚴重。當然，如果在第四宮的木、土同時有其他星星相伴，則家道上的好運與惡運就有被影響、調整、平衡的可能了；如果剛剛好木、土同在第四宮，則星圖主人的童年歲月或親子關係就很可能好、惡運交纏，成長歷程中的內在安全感也可能被起伏不定的家運摧折得風雨飄搖。

★★★

「這樣強出頭真的好嗎？好像有點太招搖了？但我真的好想得到這個機會耶！但我出線了就代表小海、阿月她們幾個要失落了！怎麼對得起她們，但我又不想錯過這次嘗試！怎麼辦……」

進退維艱、想放手一搏又遲疑再三、想吃又怕嘴巴擦不乾淨……這大概就是木星巨蟹座的性格表現。巨蟹座與木星的性格並不麻吉，木星太想往前衝，螃蟹們卻顧慮太多、心腸太軟，兩者的結合，會讓巨蟹座拉住了木星的衝刺力。

「完蛋了！這一次的事情很難擺平了。完蛋了！鵝感到很大壓力耶！完蛋了！萬一被家裡人知道了怎麼辦？完蛋了！鵝覺得頭很痛。完蛋了！鵝感到撐不下去了，鵝想要……」

容易想不開、什麼事都覺得快完蛋，大概就是土星在巨蟹座的星圖主人的潛在心情。土星與巨蟹座不只是不合，甚至是互相牽累，土星太嚴肅，巨蟹座則太容易陷入情感的糾纏，兩者的組合，要小心落入鑽牛角尖或憂鬱症的性格陷阱。總之，巨蟹土星，這不是一個占星學上的好位置。

木土在第五宮：大情聖的春天與暗戀者日記

「我換新女朋友了。」「又換？那小津呢？」

「是小津提出分手的，她說跟我在一起沒安全感。」「聰明女孩。看你這一任能撐多久？」

「話說新來的Kitty也不錯喔，蠻有氣質的。」「喂！你發情有完沒完？」

「是Kitty主動搭訕我的，我只是不忍心阻擋每個女孩的愛情幸福。」「是醬喔，你的頭等一等，我找把榔頭來敲一敲，免得更多女孩受害。」

這應該是一個木星在第五宮的人，桃花旺，自命大情聖，自我感覺良好，如果相位不好，應該很多爛桃花噢。

「阿圖，趕快啦！小津剛分手，空窗期，現在是最好追的時候了。」「……」

「阿圖，你還想什麼？你不是喜歡小津很久了嗎？」「……」

「你光找小津談公事有什麼用，約她啊，跟她約會啊，其實小津一直在等你開口哩。」「……」

「什麼？都半年了，你才決定向小津告白！太晚了，小津跟大目那個爛人復合了。」「……」

阿圖是一個土星在第五宮的壓抑男，因為第五宮的愛情能量被土星鎮壓住，哪怕相位不錯，阿圖也經常扮演苦戀者、單戀者、暗戀者的角色。

第五宮是戀愛宮或創造力之宮，木星進入此宮，只要相位不太壞，戀愛運或才華應該會不錯，這應該是一個桃花或才氣被木星放大的星圖主人，當然，如果相位不好，就可能指爛桃花或太愛現。相對的如果土星進入第五宮，會讓桃花或才華變弱，這應該是一個桃花或才氣被土星壓制的星圖主人，如果加上相位不好，就更加感覺到戀愛運或個人能力的困難與障礙了。事實上，第五宮的真正主題是「創造力」，創造力是一個涵蓋面很廣的領域，像才華、表現慾、戀愛、子女、偏財、遊戲、藝術……等等，都屬於廣義的創造性行為，而木星與土星在此宮，即象徵星圖主人創造力的放大或壓制、加強或削弱。接著，考慮木、土回歸的問題：「木星回歸」十二年一個週期，所以星圖主人十二、二十四、三十六、四十八……歲時，會特別感到桃花旺或創造慾很強；「土星回歸」則二十九年半一個週期，所以星圖主人三十、六十……歲時會特感到感情運或創造力進入低潮時期。當然，如果在第五宮的木、土同時有其他星星相伴，則戀愛或創意上的好運與惡運就有被影響、調整、平衡的可能了；如果剛剛好木、土同在第五宮，則星圖主人可能正桃花與爛桃花交纏，戀愛之路起伏不定，也可能代表個人創造力的時高時低，表現並不穩定。

★ ★ ★

「上？當然上，幹嘛不上。上什麼？當然是上台啊！留個位置給我，我要上台秀一下。秀什麼？我怎麼知道秀什麼？我哪樣東西不能秀的？長相、風度、儀表、身材、談吐……根本就秀不完呀！」

基本上，木星與獅子座是很合的，獅子座是火象星座，又愛出風頭，加上木星的放大與擴張性格，兩者相乘，可能會有衝過頭、玩太大的危險，如果加上相位不好，就真會有一點愛虛榮的花蝴蝶個性了。

「到底要守成還是冒險？要退還是進？要孬還是要秀？要穩紮穩打還是雷厲風行？要退居幕後還是乾脆到台前狠狠的玩一把？要……」

這個組合不對！土星低調獅子高調，土星太嚴肅獅子愛出頭，土星堅實獅子亮麗，所以造成獅子座土星是一個矛盾的性格組合，常常在低調行事與大張旗鼓之間搖擺不定。八字相衝，大概就是指這塊石頭與這個星座的湊合吧。

木土在第六宮：好狗命上班族與勞碌命打工仔

「讓大目去負責新的子公司的統籌管理吧。」「是，老闆，但大目到職不滿一年耶？」

「我看他行，做事蠻有自信的樣子。」「是，但有人打小報告大目常常不照公司規章做事。」

「開創嘛，就要這種性格有點草莽的人做事，太謹小慎微反而是不行的。」「是，但新公司事務超多的，大目一個人扛，身體受得了嗎？要不要找個二把手幫幫他？」

「我看這小子壯得像條牛，讓他先做做看。還有，阿圖呀，你這個人什麼都好，就是做事膽氣不夠。」

「是，老闆。我去發布人事派令。（阿圖邊走邊嘀咕中）膽子大，身體勇，又敢闖，看新公司啥時讓他翻了鍋。」

大目應該是一個木星在第六宮的人，木星的放大能量會增強大目在工作上的信心與身體上的強健；如果相位不好，就是那種大意失荊州的傢伙——太相信自己了。

「大目，新公司從你手上成立已經三年了，董事會想調你到南部開發新市場，你看誰可以接手你的位子？」「boss，我看阿圖可以。」

「阿圖？阿圖做事太審慎，魄力又不夠，可以嗎？」「boss，阿圖也許開創不行，但守成有餘，新公司已經上軌道了，讓阿圖去把基礎穩定下來，一定可以更細緻的將客服的SOP建立起來。」

「哦！我還以為阿圖跟你不對盤耶，你知道嗎，在我面前，阿圖沒少說你的膽大妄為。」「報告boss，阿圖在你面前說我的壞話其實全說給我聽了。但有一件事，您卻可能不知道。」

「喔？什麼事？」「其實新公司成立之初的規章、計畫、策略、架構，全是阿圖建立的，我只是負責去執行。但他這個人很煩，一訂就訂定了A、B、C、D計畫，很囉唆！boss，阿圖或許膽小，但絕對可靠。」

阿圖應該是一個土星在第六宮的人，土星的壓縮能量會讓阿圖在工作上步步為營，在身體上也會感到勞累；如果相位不好，就是那種屬駱駝的超級苦情打工仔——太拚了！

第六宮是工作宮，又是健康宮，木星進入此宮，只要相位不太壞，工作運或工作能力應該會不錯，這應該是一個在職場上自信、進取、人緣佳的星圖主人，如果相位不好，就可能會有粗心大意或膽大妄為的工作表現。相對的如果土星進入第六宮，會讓工作自信、工作能力或工作運變弱，這應該是一個在職場上小心翼翼、穩紮穩打的星圖主人，如果加上相位不好，就更加感覺到工作上的困難與障礙了。總之，木、土在第六宮，確實有點好狗命上班族與勞碌命打工仔的差別。除了工作宮，第六宮也是有名的健康宮，所以木星與土星在此宮的負面相位，就象徵不同類型的疾病囉。木星型疾病比較是太超過或營養過度的疾病，像糖尿病、脂肪肝、心血管疾病等等，相對的土星型疾病比較是壓力型或收斂型疾病，像骨科、貧血方面的毛病。當然，比較起來，土星比起木星，是更不利於健康宮的。接著，考慮木、土回歸的問題：「木星回歸」十二年一個週期，所以星圖主人在成年後的十二、二十四、三十六、四十八……歲時，會特別感到工作上的強勢強運；「土星回歸」則二十九年半一個週期，所以星圖主人三十、六十……歲時會特感到工作方面進入低潮時期，也當然要注意健康上的壓力，尤其對六十、九十的老年長者來說，負面的土星相位是一定要注意的。另方面，如果在第六宮的木、土同時有其他星星相伴，則工作上的好運與惡運就有被影響、調整、平衡的可能了。而在健康方面，自然要考量其他星星的其他疾病類型。如果剛剛好木、土同在第六宮，則星圖主人可能在工作的表現上會出現大膽與慎重、冒險與怯懦、開放與收斂的矛盾態度。

★★★

「到底要上？還是不上？進？還是退？開放？還是保守？我也想表現一下啊！但好像又應該謹慎行事？到底怎樣呢？好煩喔！」

木星與處女座是不合的，木星大膽，處女座拘謹，兩者相合，會產生擺盪、猶豫、矛盾的心理張力。我覺得處女木星還是會採取行動的，但一定是低調行事。

「等一等，讓我再想一遍；不急不急，等時機成熟慢慢來；別催我，我還要計劃得更完整一點；快了快了，低調一點，做事必須謹慎齁！」「喂！領導，您謹慎了快一年了，到底動不動手呀？」

土星與處女的組合是麻吉的。土星穩重愛擔心，處女精細自律嚴，這塊石頭與這個星座合在一起會造就嚴密、負責、可靠、理性、慎重、優質的行事風格。當然，如果相位不好，就很可能是膽小＋龜毛的合體了。

木土在第七宮：人氣天王與苛刻大帝

「他那個人很討厭，很難真的跟他較真，每次他做錯事就回來跟我一直嘻皮笑臉、服軟低頭，每一次就醬過關。不行，我開始要訓練自己跟這傢伙發火。」老婆如是說。

「大目呀！每次你搞砸鍋，都會有人跑來幫你說項，這趟你擬的計畫被退了，嘿！結果連強老頭那大戶都打電話來說你好話！好小子，你就犯一次在我手上不行齁！」老闆如是說。

「大目這小子不來這酒怎麼喝啊！場子都冷了。而且少了一個每趟搶付帳都搶贏的傢伙，唉！」老友如是說。

「喂，死丫頭，這兩天沒精打采的，別以為阿母不知，每天來吃早餐的西裝哥這兩天沒來，就沒人一直稱讚妳給妳灌迷湯，死丫頭，花痴呀妳！」早餐店的阿嬤如是說。

這個很popular的人應該是一個木星在第七宮的人，木星的放大能量會增強當事人的好人緣；如果相位不好，就可能是那種交往太亂太廣太雜太失控而造成一身麻煩的事主。

「他這個人喔，就是⋯⋯⋯⋯」老婆如是說。

「阿圖？唉！這傢伙⋯⋯⋯⋯」老闆如是說。

「這傢伙可以信任，但⋯⋯⋯⋯」朋友如是說。

「喂，這位先生，偶有找你錢喔，你數清楚，別三不五時來找偶麻還。」早餐店的阿嬤如是說。

這個人人談起都會出現三條線的傢伙應該是一個土星在第七宮的人，土星的收縮能量會讓當事人變成一個不好相處、很難親近的麻煩人物；如果相位不好，就可能是人際關係中的討厭鬼或苛刻鬼了。

第七宮是人際關係之宮，又是著名的婚姻宮，木星進入此宮，只要相位不太壞，重要的人際關係或婚姻關係應該會不錯，這應該是一個熱情、大方、樂觀、慷慨、有魅力的好配偶與好朋友，如果相位不好，就可能會是關係中的萬人迷或花蝴蝶。相對的如果土星進入第七宮，會讓人際關係或婚姻關係變得困難，這應該是一個不好相處、嚴肅、苛刻、對朋友或配偶要求嚴格的人，但好玩的是，如果加上相位不好，這可能是一個不容易離開的朋友或一個不會跟你（妳）離婚的丈夫或妻子，儘管覺得這個朋友很討厭，但他很忠心，儘管覺得這是一對「怨偶」的結合，但就是離不掉；事實上，土星很適合第七宮，婚姻需要穩定，這正是土星的特質，儘管沒什麼宮位喜歡土星，但土星的「無趣」就是加固了婚姻的結構，至於土星婚姻快不快樂，就另當別論了。總之，木、土在第七宮，會增加星圖主人在重要人際關係、婚姻關係、合夥人關係等等關係中的人氣指數或難纏指數，確實有點人氣天王與苛刻大帝的差別。接著，考慮木、土回歸的問題：「木星回歸」十二年一個週期，所以星圖主人在十二、二十四、三十六、四十八……歲時，會特別感到人際關係上的多事之秋；「土星回歸」則二十九年半一個週期，所以星圖主人三十、六十……歲時會特感到關係的困難。另方面，如果在第七宮的木、土同時有其他星星相伴，則關係上的強與弱就有被影響、調整、平衡的可能了。譬如，水星在第七宮會增加關係上的「變數」，月亮會增加關係中的「情緒」，火星會增加「衝動」，天王星會增加「意外」，海王星會增加「浪漫感」或「哀傷」等。如果剛剛好木、土同在第七宮，則星圖主人可能在關係中的表現上會出現大膽與壓抑、順利與困難、開放與吝嗇的矛盾態度。

★★★

「就決定是她了！也許她不是幾個候選女孩裡最美的，但她就是有一種熱情＋迷人、陽光＋優雅的形象魅力，她一定可以幫我們產品做最佳代言。」

這應該是一個深富天平木星人際關係魅力的女孩兒。木星與天平座是很好的組合，可能比起木星回歸射手座更好一些，木星＋射手太強烈了，木星＋天平則相對的陰陽調和，雖然木星是陽性行星而天平座也是陽性星座，但天平座是六個陽性星座中最溫柔的，所以兩者結合，確實有一點上文所說，在人群中會自然散發熱情＋迷人、陽光＋優雅的氣質。

「女主角就是她了！沒錯，聽我的就對了。她不夠漂亮，我知道；她名氣不夠大，我知道；她脾氣有名的難搞，我也知道，我都知道。但你們知道我的考量嗎？這個片子的角色要演的就是那種迷人＋討厭、親切＋壓抑的內心矛盾戲，跟這個怪妹子的個性不是如出一轍嗎？」

土星與天平的組合相當矛盾。土星壓抑內斂，天平善於交際，這塊石頭與這個星座合在一起會造就收放、嚴鬆、緊緩相當交纏矛盾的心理張力與性格型態，想想看，享受人生與自律甚嚴兩種態度糾結在一起，會是怎樣的性格光景呢？

木土在第八宮：從前世透現到今生的陽光與陰影

「沒事！不過就是十來萬嘛，誰沒有一時手頭不方便？說真的，正確數目我也不記得了。好了，不談這些，我們回去談剛剛那本書的內容吧。」

「你得罪我耶，還想跟我那個，好吧，不拿性當武器（其實姐姐我也有點想），上來吧。」

「就醬說定了，這屆大哥出來選，我當副手。什麼？承諾，醬說就沒意思了，我相信大哥不是對別人不公平的人。」

「就讓她走吧。現在分手總比結婚了再離乾脆，她有了新對象，祝福她！我會ＯＫ的。」

上述幾個男男女女應該是木星在第八宮的人，第八宮是「原慾」的考驗，木星在此一宮位，比較能在金錢、性、權力、感情的關卡中表現得游刃有餘與慷慨豁達；當然，如果相位不好，那在原慾宮的木星債務所引發的應該是一場不會小的強風暴雨。

「他欠我一萬三千四百二十元。三年前借的。三年前借多少？一萬八千元，他只還了四千五百八十元。」

「我不要，人家就不想嘛，什麼？不應該拿性當懲罰，人家又不是，我累了不行喔（死人！你等著看，姐我會一直累到你服軟為止）。」

「憑什麼？他先選，我當副。你讓他下屆再選行不行？就憑初選決定，什麼？破壞黨內和諧！愛說笑，搞政治還和什麼諧，小孩子辦家家喔？就公平對決，他不欠我，我不欠他，大家乾淨，別跟我講什麼輩分倫理一堆有的沒有的。」

「不行！不行分手。不然這些年的時間都浪費了。什麼？她有新歡，更好，把她新歡約出來一起談清楚吧。難看？哼，寧可難看，不要吃虧。」

上述幾個男男女女則應該是土星在第八宮的人，第八宮是「原慾」的宮位，土星在此一宮位，比較會增強金錢、性、權力、感情關卡中的沉重壓力；如果相位又不好，那在原慾宮的土星債務就會是此生中一場相當不容易承受之重了。

第八宮是業力宮、原慾宮、前世債務宮，筆者常說這是十二宮中最不容易處理好的場域；第八宮的課題是人性中關於金錢、性、權力、感情的爭奪與糾纏，這都是人生中最不好化解的執著。所以第八宮最好是空宮，哪怕大吉星木星進入此宮，也只是代表比較能夠大方、開闊、樂觀、不計較的面對原慾的功課，如果相位不好，由於木星的放大能量，反而會放大了金錢、性、權力或感情的風暴。相對的如果土星進入第八宮，原慾功課或前世債務會變得相當沉重，如果加上相位又不好，這一世所要面對的業力恐怕會糾纏得很深很深了。一般來說，第八宮最不好的是有冥王星，土星功課僅次於冥王星，是第二名的難搞定。總之，木、土在第八宮，會影響星圖主人在金錢、性、權力、感情爭執上的容易與困難，確實有一點從前世留下來的陽光與陰影的味道。接著，考慮木、土回歸的問題：「木星回歸」十二年一個週期，所以星圖主人在十二、二十四、三十六、四十八……歲時，會特別感到前世債務的引爆，所以建議的態度是「謹慎」，風暴愈大，愈要低調冷靜；「土星回歸」則二十九年半一個週期，所以星圖主人三十、六十、九十……歲時會特感到前世債務的沉重，面對的智慧則是「放下」，其實人生的壓力都是自己提起來的，只要肯放手，即會頓感悠悠歲月的雲淡風輕。另方面，如果在第八宮的木、土同時有其他星星相伴，則前世的債務就會變得更複雜了。最怕就是冥王星同行，會容易演成超級業力颶風；如果有金、月、海同在第八宮，就會加強情感債務上的糾纏不清。如果剛剛好木、土同在第八宮，則前世留下的陽光與陰影會變得糾葛難明、陰晴不定。

★　★　★

「我不會那麼容易放手的！想甩掉我，哼！沒那麼容易。這事情才剛開始哩，我痛苦？他們也別想好過。」這彷彿是《致命的吸引力》女主角說的狠話。

木星加上天蠍座的組合要小心（尤其在四、五、七、八宮要特注意），木星會放大天蠍的「執著」，會讓「放手」變成一個異常困難的動作。

「我不要放下對他的愛，但我不要讓他知道；我不要放下心裡的痛，但我不要讓他知道；我不要減少對他的念，但我不要讓他知道。」這個不放手卻也不表達的暗戀者應該是一個終身壓抑內心感情的《英倫情人》。

土星與天蠍的組合也不好，土星不會化解天蠍的執著，但會「壓抑」，很容易會異化成內心暗角的黑暗情感，尤其在上面所說的幾個情感宮位。

木土在第九宮：歷史文明的上層建築與學術研究的基礎實學

「我要念哲學系，哲學是學術之母。」

「我要念法律，法律是一個文明最後的道德防線。」

「我要念建築，偉大的建築是一個歷史文明的美麗與哀愁。」

「放心！我一向考試強運，一定一舉中的。」

上述幾個學子應該是木星在第九宮的人，第九宮是關於高等教育、思想、人類上層文明的宮位，木星在此一宮位，會在研究方向上顯得很「大氣」，考試運應該也會不壞；當然，如果相位不好，那在研究上或考試上有可能出現粗心大意的毛病。

「我要念科學，而且要念實證科學，搞實驗室的。」

「我要念工商，這才是實用的學問。」

「什麼！你要念音樂系裡最難念最不容易念出頭的作曲組！」

「今年還是沒上？沒關係了，反正明年就考第三年了，總會三中一嘛。」

上述幾個學子則應該是土星在第九宮的人，土星在此一宮位，會在研究方向上顯得很「紮實」，考試會比較辛苦；當然，如果相位不好，那在研究上會顯得揮灑不開或在考試上比較容易遇上挫折。

第九宮是思想宮、高等教育宮、長途旅行宮，這是一個跟人類文明上層建築有關的宮位。木星進入此宮，適合研究哲學、法律、建築、宗教、電子、心理學、異文化、理論性學門等等的領域，如果相位不好，則代表研究工作或考試上容易出現「大意失荊州」的情況。由於第九宮又是長途旅行宮，所以擁有正、負面相位的木星在此宮就代表出國、旅行的好因緣或出狀況了。相對的如果土星進入第九宮，適合研究工業、科技、商科以及種種實務性的領域，如果相位又不好，則代表研究工作或考試上容易出現「步步難關」的情況。當然，土星在長途旅行宮就是指出國、旅行的障礙與挫折了。總之，木、土在第九宮，確實有一點象徵歷史文明的上層建築與學術研究的基礎實學的不同方向。接著，考慮木、土回歸的問題：「木星回歸」十二年一個週期，所以星圖主人在十二、二十四、三十六、四十八、六十……歲時，會特感到學習與研究上的強勢強運；「土星回歸」則二十九年半一個週期，所以星圖主人三十、六十……歲時會特感到學習與研究上的困難障礙。另方面，如果在第九宮的木、土同時有其他星星相伴，則研究的性質與方向就會變得複雜了。如果剛剛好木、土同在第九宮，就會出現矛盾、糾結、分裂的研究或思想型態，譬如研究佛學的卻相信唯物主義，或者研究文學藝術上的經濟理論等等；成功就是跨領域，研究不出來就是內部結構的矛盾了。

★ ★ ★

「我要去拯救世界和平，我要帶領人類文明進入陽光。」超人如是說。

木星進入射手座就是木星回到保護星座，木星回家了。木星與射手的結合會彼此放大兩者的特性——陽光、健康、熱情、衝動、直率、慷慨、正直、善良。確實有一點陽光笨蛋英雄超人的味道。

「我在社會底層打擊罪惡，我是潛伏在永夜裡的黑暗騎士。」蝙蝠俠如是說。

土星與射手座並不麻吉，土星會拉低、壓制射手座的陽光特性，將直率與正義鎮壓成一種比較扭曲與古怪的存在，變像變態英雄蝙蝠俠的。

木土在第十宮：大張旗鼓與步步為營

「阿目的事業愈做愈大耶！」

「愈大代表愈冒險。」

「但他這幾年一直經營得很順啊！」

「三國時代的蜀漢就是在最順的時候掉下來的。」

阿目應該是一個木星在第十宮的人，第十宮就是事業宮，木星在此一宮位，會在事業經營上顯得很「大氣」；但，如果相位很不好，所遭遇的橫逆也可能是超級颶風級的。

「老圖經營了鑾多年了，一直不擴展版圖。」

「那就是他穩紮穩打的經營風格。」

「瞻前顧後，也可能是他事業無法做大的原因。」

「可能。但這也鑾像宋朝初年趙匡胤先北後南、先中原後塞外，步步為營的穩健戰略。」

老圖應該是土星在第十宮的人，土星在此一宮位，會在經營理念上顯得很「小心」，事業也會做得比較辛苦；當然，如果相位不好，那就會因為太求穩當而導致一直無法打破艱難的局面。

第十宮是事業宮、創業的宮、當老闆的宮、跟成就感有關的宮。木星進入此宮，事業應該會做得不錯，也比較容易得到他人的肯定與掌聲；如果相位不好，則可能會出現在事業經營上冒進或浮誇的毛病。相對的如果土星進入第十宮，就代表那種穩紮穩打、小心翼翼的經營策略，也許比較不容易得到他人的肯定與掌聲，也可能代表所做的事業是實務、傳統或苦幹的型態；如果相位又不好，就是指事業營運的挫折與障礙了。接著，考慮木、土回歸的問題：「木星回歸」十二年一個週期，所以星圖主人在二十四、三十六、四十八、六十……歲時，會特感到事業上的強運或想拼搏的心情；「土星回歸」則二十九年半一個週期，所以星圖主人三十、六十……歲時會特感到事業上的弱勢或想求穩的心情。另方面，如果在第十宮的木、土同時有其他星星相伴，則事業的性質與方向就會變得複雜了。如果剛剛好木、土同在第十宮，就會在經營的風格與心情上同時出現大氣與小器、冒險與穩重、開發與守成、創新與務實、勇氣與怯懦的矛盾情結。

★★★

「你不用擔太多心，我會很小心的帶著你，一步步的把局面擴大，總不能一直原地踏步啊，穩健是重要，但穩重不代表不向前行呀。」這是木星在魔羯座的人的內心話語。

木星與魔羯座當然是很不同的。木星陽光、大膽、開放、直率、少根筋，魔羯座深沉、小心、封閉、迂迴、想太多。但這一個組合很好玩，木星會帶領魔羯座走出它過度壓抑的世界，而魔羯座步步為營的能量又會反過來拉一下木星常常過度豪邁的步伐，不至於太超過的冒險犯難。所以這一個組合是不一致的，卻意外產生容易成功的能耐。

「我要小心、小心、再小心！我要努力、努力、更努力！我要苦幹、實幹、埋頭幹！我要慎重、慎重、再慎重！」這是土星在魔羯座的人的自我要求。

土星落入魔羯座，就是土星回到保護星座，土星回家了！那，這當然是一顆超級土星囉。如果相位好，土星與魔羯會是一個超級努力、可靠、穩重、務實的組合；但相位不好的話，也會是一個超級辛苦命與勞碌命的生命狀態，看落在哪一個宮位，會造成那個人生舞台的頓挫。其他星辰回到保護星座基本上都是不錯的，但土星跟別人不一樣，唉！土星。

木土在第十一宮：人氣王與討厭鬼

「大目真是一個很有理想、願景的人。」

「嘿！很會顧全大局是吧。」

「也很夠朋友，對朋友很慷慨。」

「但也常常被朋友騙了都不知道。」

大目應該是一個木星在第十一宮的人，第十一宮是關於理想、朋友的宮位，木星在此一宮位，會顯得很有理想、很大方、很識大體、對人很好；但，如果相位不好，就往往會吃朋友的虧，而且會吃大虧，當然也可能代表夢想太高不切實際。

「每次跟老圖開會，都好像只管眼前的工作，不太談中、長程計畫。」

「而且每次他在，都好像跟大夥格格不入。」

「是啊！這個人對人有點苛。」

「但做事蠻嚴謹的，不吃虧，也不會佔人便宜。」

老圖應該是土星在第十一宮的人，土星在此一宮位，會顯得過於實際、缺乏目標、對人過度小心、有點不好相處；如果相位不好，很可能會是團體中不討喜的傢伙。

第十一宮是理想宮、朋友宮、大我宮、跟友誼及願景有關的宮。木星進入此宮，應該是一個很有理想性格的人，很有大我情懷，與朋友的關係會很不錯，是一個廣受歡迎的人氣王；如果相位不好，就會有不切實際與交友不慎的毛病。相對的如果土星進入第十一宮，就代表那種不好高騖遠，交友謹慎，喜歡在團體中做基礎工作，卻不太會交際的人；如果相位不好，就可能是太過輕忽理想，人緣又不好的討厭鬼了。接著，考慮木、土回歸的問題：「木星回歸」十二年一個週期，所以星圖主人在二十四、三十六、四十八、六十……歲時，會特感到理想激增、人氣特旺；「土星回歸」則二十九年半一個週期，所以星圖主人三十、六十……歲時則會出現失去方向感，內心特感孤寂的狀況。另方面，如果在第十一宮的木、土同時有其他星星相伴，則理想的奔赴與朋友的關係就會出現其他變數——譬如太陽在十一宮會偏向木星的性質讓願景與友誼放閃，相對的冥王星在十一宮會偏向土星的性質讓願景與友誼趨向現實考量。如果剛剛好木、土同在第十一宮，就會在願景與友誼上發生頗為嚴重的矛盾與糾纏了。

★　★　★

「這是一個神奇世界！這是一個神奇烏托邦！這是一個創意無限、充滿遊戲、處處善良的神奇世界啊！這是一個無法讓我不high的人間四月天啊！」這是木星在水瓶座的人的內心獨白。

木星與水瓶座真是合得有點……瘋狂！木星陽光、大膽、開放、直率、少根筋，水瓶座崇尚自由、無厘頭、不按理出牌、博愛、散漫、性格叛逆。兩者相乘，會認為這是一個沒有什麼事兒是不可能的奇異世界。

但是，如果相位不好，當心木星水瓶座會將地球翻過來，玩瘋世界，也玩瘋了自己。

「我要……我想……我認為……我……」這是土星在水瓶座的人的內心掙扎。

雖然在古典占星學中，土星是水瓶座的保護星，但這顯然是一個不甚正確的「暫管」現象，等到三王星被發現，水瓶座就被天王星保護了。事實上，土星與水瓶座是傳統與反傳統、封閉與開放、規矩與叛逆、穩重與飛揚的矛盾組合。這個組合只有三個形容詞，就是：彆扭、彆扭、彆扭！

木土在第十二宮：自在修行與持律苦修

「他很受師傅寵愛喔，師傅說他根基好，帶著善業而來。」

「她很慈悲耶，行善不落人後。」

「我覺得我適合自由、開放的靈修法門。」

「妳一向注意飲食，人也不胖，家族又沒有病史，卻患上假性糖尿病，嘿！應該是先天帶來的吧。」

上文的師兄師姐應該是木星在第十二宮的人，第十二宮是關於宗教、靈修、業力病的宮位，木星落在此宮，會顯得很有善緣、心腸好、自在修行；如果相位不好，就代表宗教工作上的大麻煩，在業力病上則指揮霍型的疾病了。

「師傅對他特別嚴格耶，說他要比其他人更努力，是帶著許多功課來到這一世的。」

「她人很好，但不太懂得照顧人，不太適合做布施的工作。」

「我覺得我適合嚴格、苦行的靈修法門。」

「妳常常莫明其妙的扭傷關節、跌斷骨頭，應該是前世帶來的果報吧。」

上文的師兄師姐應該是土星在第十二宮的人，土星在此一宮位，會在宗教或修行工作上顯得艱辛、吃力、有障礙、業報功課沉重；如果相位不好，就代表宗教工作上的挫折困難，在業力病上則指壓力型的疾病了。

第十二宮是宗教宮、修行宮、無我宮。木星進入此宮，應該是一個很有善業、自在修行、很慈悲的人。相對的如果土星進入第十二宮，就代表有前世功課、刻苦修行、很內斂的人。事實上，木、土在宗教宮，比較象徵修行法門上的自在或苦修，而不一定是指果報上的善或惡，除非是負面相位，則可能代表揮霍型或壓力型的業力疾病。接著，考慮木、土回歸的問題：「木星回歸」十二年一個週期，所以星圖主人在二十四、三十六、四十八、六十、七十二……歲時，會特感到宗教事務或靈修工作的突破，相位不好，就是負面果報或業力病兌現的時候吧；「土星回歸」則二十九年半一個週期，所以星圖主人三十、六十、九十……歲時則會特感到宗教事務或靈修工作的障礙，相位不好，就是負面果報或業力病兌現的時候吧。另方面，如果在第十二宮的木、土同時有其他星星相伴，則宗教宮的放大或收斂就會出現其他變數——譬如海王星在第十二宮，相位好會讓宗教修行多了一份情懷，相位不好則可能指宗教欺騙事件。又譬如火星在第十二宮，相位好象徵著重身法、身體工作、bodywork的修行法門，相位不好就要小心練功「走火」的危險了。如果剛剛好木、土同在第十二宮，就指宗教生活上樂苦放收的糾結矛盾。

★ ★ ★

「大家放心！我會振作的，我會打起精神的，我不會一直停留在傷感之中的。這人生儘管不完美，但我了解必須鼓起勇氣去面對。」這是木星在雙魚座的人的正常表現。

是的！木星對雙魚座來說，就是一股振奮的力量。事實上，木星在古典占星學中就是雙魚座的保護星，雖然雙魚座現在給海王星保護了，在質地上，木星與雙魚座也不是那麼同調，但這兩者有一點陰陽互補的味兒，木星常常會幫助感性得有點濫情的雙魚座比較容易走向陽光。

「人生的本質就是一抹蒼涼啊！生命如孤島，人間難以了解啊！奮鬥有用嗎？一切都難以挽回了。」這是土星在雙魚座的人會浮現的傷心獨白。

土星與雙魚座真不是好的組合，土星太壓抑，雙魚座容易受傷，兩者扭結在一起，很容易造就悲劇性格。如果又落在四、八、十二宮裡，這種性格表現就會更明顯了。

天王星在十二宮的驚奇之旅

我們先來了解一下天王星的世界。

比起水星，天王星的心智世界更深邃；比起木星，天王星的心智世界更難掌握；所以十星中三顆代表人類心智的星星，天王星的心智世界是更接近潛意識或靈性知識的。另外，天王星應該是三王星中最陽光的，但天王星的性格太跳通，這是一個難以理解的迴路世界。

天王星呀，彷彿是一齣峰迴路轉的星際推理劇。

天王星代表人類心智中最高檔的部分，對哲學、科學、宗教研究、跨領域研究、古文明研究、藝術理論等等的探索與尋求。總之，天王星是一顆理性、充滿創意、但不按理出牌、難以預測的怪異行星。

下面請看天王星在十二宮的驚奇之旅。

天王星在第一宮（自我之宮）會讓星圖主人性格顯得特立獨行，相位不好的話會有一份難以親近的古怪。因為第一宮也掌管外表，天王星在第一宮的人通常會身材高大而骨骼強健。

天王星在第二宮（財富之宮）相位好代表意外之財，相位不好就代表意外失財囉。

天王星在第三宮（知識之宮）很合，這是一趟神奇的知識之旅，相位不好就是資訊混亂了。

第四宮（家庭之宮）倒是不喜歡天王星，因為家庭講究平靜而溫暖，與天王星的性情不對盤，相位好可能是家庭風氣特異而開明，相位不好就可能指童年時光的動盪不安了。

天王星在第五宮（創造力之宮）就得其所哉了，天王星可以大大激發第五宮的創意與才氣，相位不好就是才氣的失控。

天王星在第六宮（工作之宮）也有一點點不太對，天王星的員工很能幹，但不太會聽話，有點不好駕馭，當老闆的就看你用不用得起這種怪怪打工仔了。相位很不好也要注意意外的疾病或災禍，因為第六宮也是健康宮。

同理，天王星在第七宮（婚姻之宮）也有點不討喜，因為婚姻需要穩定，天王星卻偏偏缺乏這項能耐。婚姻宮第一不喜歡的是水星，第二就是天王星了。如果相位好，則表示有將婚姻或「關係」變成探險旅程的本領，但平靜的日子，就甭想了。

天王星在第八宮（業力之宮）相對是比較好的，至少比另外兩顆三王星好，因為天王星比較陽光，比較不會像冥、海在第八宮的前世債務那麼沉重膠著。如果相位好，會有另類的理財天份，相位不好就代表意料之外的破財了。

天王星在第九宮（哲學之宮）非常麻吉，代表星圖主人擁有不凡的思想與學問。相位不好則是混亂的想法，同樣是不凡，但是是不凡的難以理解及溝通。

天王星在第十宮（事業之宮）代表不一樣、走創業路線的事業方向。

天王星在第十一宮（理想之宮）當然好，因為是天王星回家了，回到所保護的宮位。基本上，星圖主人是一個充滿理想、朝氣、友誼、寬闊胸襟、人道情懷的理想主義分子。

天王星在第十二宮（宗教之宮）OK，但這是一條傾向理性、研究、學術為主的宗教道路。所以這一趟驚奇之旅，落在3H、5H、9H、11H，相對來說是能量增強的天王星狀態。

海王星在十二宮的浪漫之旅

我們先來了解一下海王星的涵義。

月亮代表情感的內在面，海王星所代表的則是深層意識或靈魂的內在面，所以海王星的內在悸動理當是比月亮藏得更深。另外，三王星代表人類的潛意識，而三王星之中只有海王是陰性行星，天王、冥王都是陽性行星，陰性行星低調、內斂、沉潛，所以海王星象徵最幽微難知的潛意識世界。

海王星呀，真是心事誰人知！

海王星代表人性深處的夢想、大愛、理想性、宗教意識、一體性的追尋等等。總之，海王星是一顆深邃、神祕、浩瀚、也容易在人間受傷的星星。

下面請看海王星在十二宮的浪漫之旅。

海王星在第一宮（自我之宮）會讓星圖主人性格感性浪漫，相位不好容易情感用事。因為第一宮也掌管外表，海王星在第一宮的人也會身材高大但比較圓潤福態。

海王星在第二宮（財富之宮）的財富通常不指物質性的財富，而是跟內在價值有關。

海王星在第三宮（知識之宮）的知識也是跟文學藝術，或跟感性、宗教有關的知識。如果相位不佳，也可能指星圖主人小時候讀書有點迷糊。

海王星在第四宮（家庭之宮）容易有一段憂傷或者迷糊的童年歲月，尤其當相位不好。

海王星孌適合第五宮（創造力之宮）的，會讓星圖主人擁有一種屬於文學、藝術、感性、柔軟的才華，也代表浪漫的愛情運。當然，相位不好，就容易引發哀傷的戀愛能量了。

海王星在第六宮（工作之宮）也有一點不太合，尤其相位不好的話，更是指「隱疾」或很糾纏的疾病。

但海王星在第七宮（婚姻之宮）就很好，海王星會增加婚姻中的浪漫氣氛。不過主要還是得看相位，正面或負面的海王星相位就代表浪漫或傷心的婚姻。

海王星在第八宮（業力之宮）是不好的，理財上海王星會迷糊，業力上，海王星的業力會表現得很沉痛。

海王星在第九宮（哲學之宮）主要是象徵文學、藝術、宗教、神祕學、兩性研究等等比較軟性的研究方向。由於第九宮又是考試宮與長途旅行宮，所以海王星在此宮如果相位不好，就是指考試或旅行的事務上容易犯糊塗了。

海王星在第十宮（事業之宮）也是代表比較軟性的事業方向。相位不好小心經營犯錯。

海王星在第十一宮（理想之宮）隱喻在理想的團夥中還多了一份大愛情懷與慈悲心腸。

海王星在第十二宮（宗教之宮）當然是強能量，因為是海王星回家了，回到所保護的宮位。星圖主人適合走靈修的路，對宗教或神祕學特感興趣，心靈資質也比較敏銳。相位不好就得小心宗教領域上的被騙。

所以這一趟浪漫之旅，落在５Ｈ、７Ｈ、11Ｈ、12Ｈ，相對來說是能量增強的海王星狀態。

冥王星在十二宮的神曲之旅

我們先來了解一下冥王星的涵義。

火星強大的是原始的蠻力，冥王星強大的卻是靈魂的激情，所以冥王星的力量是更內在更深沉更來自靈魂的意志的。另外，三王星代表人類的潛意識，而三王星之中海王星最柔軟，天王星最衝撞，冥王星則最難纏。

冥王星呀，真是個絕對不能輕易招惹的傢伙！

冥王星代表人性深處的神聖與慾望、蛻變與沉淪、放下與執著、光明與黑暗兩種可能性。總之，冥王星是一股兩面性的能量，也容易讓人間受傷的星星。

下面請看冥王星在十二宮的神曲之旅，一趟擺盪在天堂與地獄之間的旅程。

冥王星在第一宮（自我之宮）的力量很大，會讓星圖主人性格變得頑固、執著、意志力驚人。如果相位不好，這是一個不好溝通與相處的傢伙。

冥王星在第二宮（財富之宮）要看相位的正、負，代表強悍的賺錢能力或金錢災禍。反正，冥王星的力量是沒有中間路線的。

冥王星在第三宮（知識之宮）應該是指一段艱難與不容易的幼學歲月。

冥王星在第四宮（家庭之宮）容易引發家庭風暴，尤其在相位不好的星圖。

冥王星在第五宮（創造力之宮）會讓星圖主人擁有一種驚人的才華，相位不好，就會伴隨一種才氣型的自私。

冥王星在第六宮（工作之宮）相位好的話，會擁有很強的工作能力，但相位不好，就可能在工作場合上很難相處，從健康宮的角度，就可能指來勢洶洶的疾病了。

冥王星在第七宮（婚姻之宮）就代表婚姻風暴，或在其他人際關係上也是很難搞的人，尤其相位不好的時候。

冥王星在第八宮（業力之宮）當然強大囉，因為冥王星回家了，回到所保護的宮位。所代表的意思就很清楚了，指在人際關係上存在著很沉重很糾纏的前世債務。

冥王星在第九宮（哲學之宮）主要是象徵商業、政治、工業、財經等等比較功利色彩的研究方向。由於第九宮又是考試宮與長途旅行宮，所以冥王星在此宮如果相位不好，就要提防在考試或旅行的事務上受到挫折了。

冥王星在第十宮（事業之宮）也會很強大，冥王星跟現實有關的宮位都會很麻吉，這是一股衝刺事業的強大意志力。

冥王星與第十一宮（理想之宮）基本上不太合，相位不好，會讓星圖主人容易在理想或公益的團夥中表現得太現實功利。

冥王星在第十二宮（宗教之宮）代表宗教上的慈善或救濟工作的路線。相位不好則小心宗教事務上的紛爭及衝突。

所以這一趟神曲之旅，落在1H、5H、6H、8H、10H，相對來說是能量增強的冥王星狀態。

「星星的低語」（一）：月亮時期

人生後天行運的能量，必然會造成許多漫長人生裡的低潮時期與負面事件。但從生命進化的角度來說，成熟的靈魂不怕困難的人生階段及痛苦事件，因為生命必須經歷試煉、考驗、鎔鑄、磨合，才能深化、純化、強化、以及還原出淨美的終極靈性。這是人間道場的必然歷練，生命道路必然間隔出現彩虹及暴風雨，那麼，讓我們充分享受及學習每一個後天推運的彩虹歲月與震撼教育吧。

★　★　★

古典占星學將人的一生分為七個階段，第一個階段稱為「月亮時期」，月亮時期指人從零至四歲。月亮時期是敏感性很強的嬰兒時期，是心靈的學習時期。從占星學的角度，一個人的月亮就是他的前世太陽，也就是說一個人的月亮星座其實是他前世主流人格能量的餘波盪漾。這是潛在人格塑造成今世自我的關鍵時刻。

新生嬰兒是依附母親成長的生命，因此在這個時期象徵母性能量的月亮特顯重要。這是被「無意識海洋」潛流主宰的柔軟生命階段，會對成人世界、外在環境的影響毫不抗拒的照單全收，而成了生命藍圖烙印下來的重要線索。所謂「三歲定八十」，即是這個意思。這是心靈極度敏感的時期，這個階段所鍵入的生命指令會影響一生，不管正面或負面。

問題是：在這個階段，將生命指令鍵入月亮孩子靈魂裡的不是孩子，而是大人。所以大人們注意啦，你們所做的一言一行，不只會影響一個孩子的一生，甚至會決定了人類的未來是個怎麼樣的未來。大人們小心啦，月亮孩子很柔軟、很接納、很大方，她很愛你，她完完全全的信任你，你給她的，她會全部、全部的接收下來。哪怕是一場毒打，她會很忠誠的詮釋成面對整個世界的憤怒。因為，這是你教導她的禮物。

「星星的低語」（二）：水星時期

占星學中的第二個人生階段稱為「水星時期」，水星時期指人從四至十四歲。水星時期是知性學習的時期。包括學習語言、心智啟蒙、基本智能及教育、知性傾向、溝通能力及模式、學習方法等等，都是這一個時期所要面對的種種知識功課。這十年童年歲月的生命主題就是「心智的塑造」，從月亮到水星，是從心靈、感受的學習時期轉移到頭腦的學習時期。

這個階段的孩子通過心智探險，逐步建立與外界的溝通網路，如果水星時期未能得到足夠的知性啟蒙，將會影響孩子長大後的思維、講理與溝通能力。

強烈的好奇心、探索衝動、反抗權威、要求獨立等等，是水星兒童的人格特徵。水星孩子會經常問為什麼、經常頂嘴與抗辯、很喜歡講話、熱中閱讀、事事好奇、不喜歡被規定與限制、而且莽莽撞撞、經常闖禍……但這些都是水星能量的正常表現，盡量讓孩子自由發揮，如果能夠順利的邁過動盪的青少年時期，水星孩子會很早發展出絕佳智力，甚至穩重成熟的人格。

如果一個人的水星在風象星座，那他的水星時期會表現出驚人的好奇心；如果一個人的水星在火象星座，他的父母在他的青少年階段會煩惱這孩子怎麼那般沒頭沒腦的亂衝亂闖；如果一個人的水星在土象星座，那他的水星時期會表現得比較沉穩；但如果你的孩子的水星在水象星座，唉！怎麼說呢？當父母的也許不會搞得清楚孩子的腦袋瓜到底在想什麼？水星在水象星座的心智世界是個難解的謎題，當這樣的孩子在沉思不語時，父母會搞不清楚他究竟在思考終極的真理問題？還是只是腦袋瓜灌進太多水導致腦殘與放空。

「星星的低語」（三）：金星時期

占星學的第三個人生階段是「金星時期」，金星時期指人從十四至二十二歲。金星時期是兩性戀愛的學習時期，這個階段的主題是情感作用模式的塑造與培養。

這是學習兩性愛戀的階段。人間最美的愛情往往都出現在這個階段，像羅密歐茱麗葉，還有賈寶玉林黛玉，東西方最偉大的愛情典型都發生在金星時期。這是質地最純粹、彼此之間最沒機心、也最沒有功利考量的愛情能量萌吐的階段。這也是能夠最順利進入戀愛的階段。好好談戀愛吧！摸索兩性情感的互動模式，是金星時期最重要的生命功課。

金星時期是一個人青春期的萌芽到成人期的開始。這時候的男孩女孩性徵逐漸明顯，變得特別容易感動，對藝術、愛情、美感、身體產生極大的關注，而且喜歡吸引異性的注意。如果這個階段的功課受到壓抑及破壞，譬如該好好談戀愛卻被迫接受填鴨教育，將會使人失去在愛中成長、學習的契機。而且對日後兩性關係的處理也會變得笨拙、困難。

金星在不同星座的人，在金星時期的愛情探索期裡，當然會有不同的能量表現。金星在火象星座的男孩女孩的愛情就像天雷地火、轟轟烈烈。在水象星座的男孩女孩的愛情卻會顯得溫柔、浪漫、癡纏、傷心、糾結。因為火象與水象都是情感性星座，會在金星時期特別受到激發。金星在土象星座的男孩女孩的愛情在金星時期會比較困難與伸展不開。金星在風象星座的男孩女孩的愛情在金星時期會有兩極的表現：1、風象男孩女孩們我行我素，他們不太會在意別人的眼光；2、但風之子女也很可能在金星閃耀的日子裡懷情不遇，因為風象人格往往過於特立獨行，不容易進入需要突破人我隔閡的情天愛地。

「星星的低語」（四）：太陽時期

占星學的第四個人生階段是「太陽時期」，太陽時期指人從二十二至四十一歲。太陽時期是自我探索的時期，在這黃金歲月的二十年中，是探索自我奧祕與創造自我價值的重要人生階段。

太陽代表自我形象，太陽時期是每個人尋找自我認同的時刻。如果說金星時期是旭日東昇，太陽時期就是日正當中了，這是積極開拓自我的人生開發史。而自我認同主要可以分成兩個方面：

1、外在自我認同——尋求外界肯定及社會地位。

2、內在自我認同——建立自我肯定及心靈身分。

為了掙脫先天、童年、雙親、環境與潛意識的控制及保護，太陽子民會逐漸尋求社會獨立與心靈獨立的歷程，因此「積極」與「自覺」便成了兩個重要的因素。

但在太陽時期中，如果過度發展及追尋外在的自我認同，而忽略了內在自我的對話及建立，將使太陽時期的自我完成出現嚴重的缺陷，進一步加深了四十左右的中年危機的嚴重性。中年危機的說法是由心理學家榮格提出，他說人在四十前後，容易發生精神挫折及自我反省，這是起源於生命前期過度重視外在自我的發展，而造成生命內在的巨大陰影，遮住了太陽，造成了人生中年時期的「日蝕」。

所以探索內在是太陽時期很重要卻很容易被忽略的生命課題，太陽子民要常常提醒自己，生命真正的豐收其實不在外界的成就，而是在內在心靈土地的開發與耕耘。而仔細分析、研究自己出生星圖中太陽所座落的星座、宮位以及相位的強弱正負，將有助於尋繹內在太陽密碼的蛛絲馬跡。

「星星的低語」（五）：火星時期

占星學的第五個人生階段是「火星時期」，火星時期指人從四十一至五十六歲的階段。火星時期是人生最後奮鬥的時期，是人生壯年的生命奮進與邁向高峰。

火星時期是邁向人生老年前的最後一個階段，也是邁向人生高峰的最後機會。所以這個階段的生命主題是：生命的奮鬥。火星子民基本上都充滿活力、能量十足，正是把太陽時期儲備的自我能量推向社會意義的工作及貢獻上。這個時候已經愈來愈少煩惱「我是誰」的形上關懷，反而轉向關心「自己能為世界帶來哪些影響」的現實考量。這是躍躍欲試渴望證明自己能力的壯年階段。火星時期的衝刺力有時甚至會把當事人帶往與過去人生全然不同的職業及跑道。

如果一個人未能做好中年危機的功課，到了火星時期勢將無法操控暴躁、衝動、執著……等等負面的火星能量。所以協調、連線好內、外在的自我，是進入火星時期必須做好的行前功夫。

如果一個人的火星在火象星座，他壯年歲月的最後衝刺會衝得很「猛」，也可能容易發生危險；如果一個人的火星在土象星座，他的衝刺會衝得比較「穩」而且富有韌力；如果一個人的火星在風象星座，他的衝刺會很「活潑」但容易不穩定；如果一個人的火星在水象星座，他的衝刺會比較「細膩」，而且有走向內在的可能。

「星星的低語」（六）：木星時期

占星學的第六個人生階段是「木星時期」，木星時期指人從五十六至六十八歲的階段。木星時期是整理生命經驗與智慧的時期，也是內在靈性成長的成熟時期。

木星時期是正式邁入人生老年的開端，這是一個人絢麗的夕陽時刻，生命儘管即將西沉，但成熟的餘暉仍會讓人目眩神迷。這也是一個人回顧、整理一生經驗的盤整時期，也可能是一個人體力、智力融合得最成熟的階段。總之，木星子民是真正成熟的人類，雖然年華日老，但仍自然而然的散發出不可小覷的人格魅力。

負面的木星能量卻會讓人不服老、不認老而做出許多跟時間拔河的糊塗行為。木星男女彷彿要死命執著那最後一點的生命熱力，卻反而造成人生晚年的諸多錯誤決定。譬如死捉著權力不肯放手交棒、與比自己年輕幾十年的人結婚、花痴老頭的臨老入花叢、仍然干涉已經成年子女的生活方式……等等，總之，伴隨最後熱情的必需是深刻的智慧與經驗，這才是真正的成熟。

木星子民理當擁有足夠的智慧去看懂自己木星所座落的星座、宮位與相位的正負強弱所蘊含的意義。如果一個人星圖中的木星落在雙魚座，雖然木星與雙魚座的能量式樣是不相合的，但到了前老年期的木星時期，木星雙魚的星圖主人反而會擁有一個充滿深邃智慧的靈性收割季節。如果一個人星圖中的木星落在天蠍座，那他的木星時期會多了一份深邃的神祕。

如果一個人星圖中的木星落在火象星座，這可能會出現一段不服老、充滿熱力、深富人格魅力的中老年歲月。尤其木星落在射手座的星圖主人更可能是熱情直率、開放魯莽。

如果一個人星圖中的木星落在水瓶座，他的木星時期將會是一個開明、自在、心智活潑、充滿創意想法的初老年歲月。一般來說，風象星座的木星時期都會比較自由開放。

相反的，如果一個人星圖中的木星落在土象星座，那他的木星時期的人生經驗的總檢討就會顯得比較內斂、嚴謹、低調與沉默，這會是一個有內涵但比較嚴肅的智慧長者。

附錄　筆者妻子的木星時期分析

占星學的人生大運從五十六至六十八歲是所謂的木星時期，也就是說走木星運。所以這十二年間從木星在星圖中所座落的星座、宮位及相位，可以看到基本的生命方向及運勢。當然，首先要知道木星的基本意義是「放大／擴張」，下面是筆者妻子這十二年的木星時期，我們看看她放大、擴張了什麼：

1、星圖主人的木星在射手座，比起上一個人生大運火星天蠍，妻子的初老年期會顯得更大氣、自由、豁達、少根筋、直率、粗心大意與接近大自然。木星射手又是木星回到保護星座，能量強，所以這份氣質是很明顯的。

2、這個射手木星座落十一宮，十一宮是朋友宮，又是理想宮，所以朋友是這個階段的主題，理想是可能開發的領域。

3、從相位看，星圖主人木星的能量有點小卡卡，不嚴重，小不順，也許代表朋友之間有一點口角與衝突，當然，當老公的，要提醒登山要更加注意安全，因為射手木星好動，相位不順也可能反映在運動傷害的事件上。

*最後預告一下：從大運看，星圖主人的人生有倒吃甘蔗的味道啊，星圖的木星（五十六至六十八）優於火星（四十一至五十六），土星時期（六十八以後）又優於木星。晚景會是不錯的。

「星星的低語」（七）：土星時期

占星學的第七個人生階段是「土星時期」，土星時期指人從六十八歲一直到死亡的階段。當然，土星時期是古典占星學（三王星發現之前的占星學）的最後一個人生階段。土星時期是沉潛靜養的時期，也是內在靈性成長的收割與播種的階段。對宏觀的文化視野而言，土星前輩們最重要的工作是內在智慧的傳承。

這時候的土星子民真的覺得老了，活力、體力、心智都明顯衰退，心、生理年齡都真正到了日暮西山的階段。

土星時期的第一門功課是「智慧」，是時候淬鍊一生的智慧金塊了，把畢生的智慧、經驗、心得、學問，通過各種形式傳承給下一代。土星時期的第二門功課是面對「死亡」，這是學習擁抱死亡的時候了，死亡的造訪只有一次，這是為它的來臨好好準備的時候了，完成生死之環，正是這群地球資深公民最重要的一堂課。

但要注意的是，土星時期最大的生命陷阱是「貪婪」。由於對快速消逝的生命的不捨與眷戀，而造成各種不同形式的貪心與執著，有些老人貪財、有些老人捉權、有些老人特愛控制他人。就像孔夫子說這個人呀「血氣既衰，戒之在貪。」其實，任何形式的「貪」必然注定沒有任何結果，死亡的趨勢是不可違逆的，事實上人生就是一個不斷做減法的過程，最後一個要減的項目就是連自己都減掉了，因此何不徹底學習放下與無為的心靈修養，然後從容而毅然的走向深邃的死亡國度之中。

一個人的土星座落在土象星座，是不是會造成土星時期的老人氣太遲暮與沉重？如果座落在火象星座，當然是一個比較有朝氣的土星時期，但老爺爺老奶奶們是不是經得起火象能量的折騰呢？所以土星落在土象或火象的朋友要注意的是自己高齡人生容易過悶或太放。相對而言，風象與水象星座是比較適合土星時期的——土星在風象星座的朋友會擁有一個更開放的高齡人生，土星在水象星座的朋友則會擁有一個比較深邃的高齡人生；風的能量讓土星時期變得不那麼嚴肅而比較容易，水的能量讓土星學習傾向深刻而專注；而開放與深邃都是面對人生最後一門功課的好態度。

「星星的低語」（八）：三王星時期

占星學的第八個人生階段是「三王星時期」，三王星時期指人從七十歲一直到死亡的階段。即像上一篇文章說的，土星時期是古典占星學的最後一個人生階段，三王星時期則是現代占星學的最後一個人生階段，但三王星時期的重點與土星時期的有點不同。土星時期視死亡為終點，三王星時期視死亡為始點；土星時期重在學習接受死亡，三王星時期重在學習超越死亡。所以三王星時期的主題是「靈性開發」，這是超越意識的接觸、開放與學習的人生晚景。人生的最後一課，可是最深邃的一課。

這不是傳統占星學的觀點，傳統占星學到土星時期就結束了，這是一個新的視野。這個視野的主題是擁抱死亡、進入神祕、修煉超越意識，這是一個人進入靈性領域的最佳時刻。就像莊子說的：你怎麼知道死亡是很可怕呢？你怎麼知道死後不正是像一個人終於回家呢？也許，死亡是另一場比賽的起跑點，這正是三王星子民要領悟及準備的進階課程。當然，如果星圖中三王星的相位有點艱難，就象徵這一場進階考試有一點難度吧。

還有一點需要注意的：三王星時期會遇到人生第三次的「土星回歸」（約在九十歲），土星功課通常都是不好玩的。第一次土星回歸說：「你該長大了！」第二次土星回歸說：「你老了！」第三次土星回歸說：

「你該死了！」哈哈！也許，第三次土星回歸真正要告訴我們的是：「別害怕！這只是進場考試的時候到了。」

因為每個人出生時候三王星的星座、宮位與相位都不同，所以要了解自己人生晚年的功課就有點複雜了。但必須說明：三王星代表的是世代影響，所以在幾年之內出生的同一代的人，三王星的星座基本上是一樣的。譬如：從一九九〇至一九九五年出生的，天海冥的星座分別是摩羯、摩羯與天蠍，三王星都是陰性星座，二土一水，所以這個世代的人的三王星時期會比較陰沉、內斂、沉重但專注於內心的功課，可陽性生命能量確實比較薄弱一點。但從一九九六年開始出生的就不一樣，天海冥的星座分別是摩羯、摩羯與射手，冥王星進入射手座，多了一個陽性星座的射手座就完全不一樣了，這個世代出生的人們的晚年能量會比較陰陽調和，生命狀態也會比較陽光。到了一九九九年開始幾年內出生的，天海冥的星座分別是水瓶、水瓶與射手，三王星都進入陽性星座，所以這個世代晚年的靈性能量就會變得很開放、自由、直率、大膽與剛強。不同的三王星星座，決定了一個人晚年不同的能量式樣。

十星團夥

「十星的遊戲」的最後一篇文章，我們來換個角度。

前面的文章不是從不同的視野綜論十星，就是從十星代表不同人生階段的角度切入。在本文，我們試試看討論十星的「團夥」，依據不同的性質將十星分類成不同的「群組」。比較傳統的分類，是將十星分成性格星、社會星與宇宙星三類。但另一個分類則比較少人提到，將十星中的其中四顆分成世間星與非世間星兩組。先看傳統的分類。

★人性三元論

十星中，日月水金火稱為「性格星」，木土稱為「社會星」，天海冥稱為「宇宙星」。性格星管個人緣，社會星管社會緣，宇宙星管與上帝或真理的緣分。所以從日月水金火可以看出星圖主人的人際關係，從木土可以看出星圖主人的社會關係，從天海冥可以看出星圖主人與上帝的關係。從性格星分析一個人的潛能，從社會星分析一個人的關係，從宇宙星分析一個人的慧根。進一步，日月水金火所象徵的潛能是比較能掌握的，所以是英雄創造時勢；木土所象徵的關係、潮流則比較難掌控了，所以是英雄迎合潮流；而天海冥所象徵的天命、慧根就更是飄渺難知了，所以是時勢造就英雄。也就是說，性格星易知，社會星難知，宇宙星就更難知了。性格星管個性，社會星管群性，宇宙星管神性。這是人性三元論：人性裡有一部分跟所有人都不一樣，這是個性；人性裡有一部分跟一部分人一樣，這是群性；人性裡有一部分跟天下所有人都一樣，這就是神性了。

這個分類可以看出占星學的結構性與層次感，人性系統當然不是平面的，是多元的、是複雜的、是3D的。接著，再看看下面一個比較冷門的群組分類。

★天海與土冥的慧根與野心

這是一個比較少人提的說法：將「天海」與「土冥」分成「非世間星」與「世間星」兩組。顧名思義，非世間星是出世性格，世間星是入世性格。非世間星的優點是放得下，世間星的優點是提得起；天海強的人性情豁達，土冥強的人富進取心。但，相對的，非世間星的缺點是不負責任，世間星的缺點是太過執著；天海的負面相位容易讓人不切實際，土冥的負面相位卻可能使人過於功利。更細緻的看，天王星的思想天馬行空，海王星的心靈感性慈悲，這是兩股助人修行的好能量；另一面，土星穩紮穩打，冥王意志強大，這是兩個成就功業的好因緣。總而言之，從天海與土冥可以看出星圖主人的慧根與野心孰輕孰重。

至於如何判讀一張星圖中「性格星」、「社會星」與「宇宙星」的比重，又如何衡量「世間星」與「非世間星」的孰輕孰重，則還是要回到第一輯「基礎原理」的〈如何判斷一顆星星在星圖中的重要性（能量指數）〉一文去參考評量的方法了。

宮位的遊戲

JUNE
JULY
AUGUST
SEPTEMBER
OCTOBER
NOVEMBER
DECEMBER
JANUARY
FEBRUARY
MARCH
APRIL
MAY

關於宮位的深層意義

宮位，是占星學的第三個基本元素。（四個基本元素分別是十星、星座、宮位與相位。）有些占星學家稱十二星座為「天盤十二宮」，相對稱十二宮位為「地盤十二宮」。一天一地，這樣對稱的意義很明顯，十二星座象徵宇宙十二種能量式樣，而十二宮位代表十二個人間的舞台。是的！宮位的意義就是指人生十二個不同的舞台或場域，譬如經濟的舞台、事業的舞台、宗教的舞台、人際關係的舞台……等等，所以宮位的內容事實上是更具體更人間化的。宮位的英文名字是House——1st House，2nd House，3rd House，4th House……，從某個角度來說，英文的稱法是更有意思的，十二宮就是十二個家，人生原來不只有一個家，有內在的家、外在的家、感性的家、理性的家、精神的家、物質的家……等等。而且觀看一個人的星圖，會發現十二個家中，有些家能量充沛，有些家寥落蕭條，有些家充滿正面的氣息，有些家滿載負面的能量，有些家複雜，有些家單一，有些家甚至是空的……每一個人每一張星圖的家的分布都是不一樣的。

基本結構上，十二宮可以分成四個區域，如右圖。四個區域的起頭宮位是1、4、7、10宮，分別掌管自我、家庭、婚姻、事業的問題，這是人生最基本的領域，所以稱為基本宮。在下面的文章，我們會再詳細討論基本宮的問題。

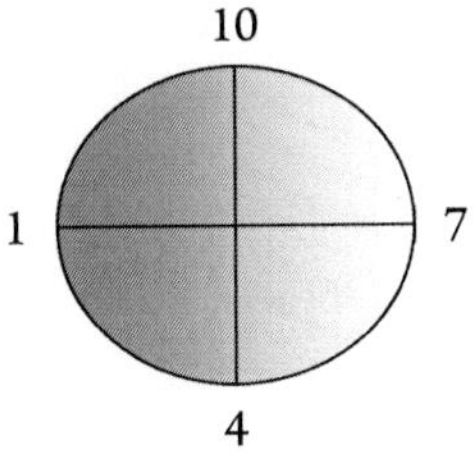

對於宮位，還有「空宮」的問題需要交代一下。

很多占星師說空宮是不好的意思，這其實是一個誤會與誤導。空宮是不好不壞。空宮代表在這個舞台或領域上，上帝對星圖主人沒有提供助力，但也沒有給與阻力；上帝沒有幫一把，但也沒有扯後腿。像財帛宮空宮，就是上帝沒去管這個人錢的問題，那麼賺多賺少，就完全憑自己的努力程度與自由意志囉。所以空宮的性質是中性的，象徵一個不好不壞的人生區塊，當然，這樣的區塊比較容易被星圖主人自己忽略，所以空宮有可能容易成為一個人的盲點或盲目區。回到前面舉的例子，財帛宮空宮的星圖主人會容易忘記錢，或對錢沒什麼觀念吧。

另外，十二宮的順序其實也象徵人生道路難易順逆的綜錯交集，有比較容易的宮，也有比較困難的宮，我們將在下面的文章討論。

十二宮ABC

十二宮就是人生的十二個家，我們先行迅速導覽一下十二個家的管轄對象及範圍：

第一宮就是「我」這個難纏的傢伙的家。

第二宮是「錢錢」的家，主要指自己努力掙來的錢。

第三宮是基礎學習能力的家。記性好不好看這一宮。

第四宮的家就是「家」。

第五宮是「才氣」的家。

第六宮是工作能力的家。這是打工仔的宮。

第七宮是夫妻或拍檔的家。

第八宮最不好玩，是前世債務的家。

第九宮是深度學習能力的家。有沒有思想內涵看這一宮。

第十宮是「事業」的家。這是當老闆的宮。

第十一宮是「品德」的家。

第十二宮是宗教、慧根、靈性的家。

其實可以不看星圖，用內心檢視的：哪一個家妳花最多心力在上面？哪一個家最容易被妳忽略與忘記？哪一個家妳回想起來充滿正能量？哪一個家妳回想起來都是痛苦陰影？這四個家，第一個家是妳的目標，第二個家是妳的盲點，第三個家是妳的強大，第四個家則是妳的生命課題。

關於十二宮：從小我的道路到大我的架構

十二宮的名稱與主題分別如下。基本上，前六宮是小我的道路，大部分都是自己的問題；後六宮是大我的結構，展示著更多與他人的繫聯。

第一宮：自我之宮／一個關於「我」的家。
自我容易有兩個陷阱——自我膨脹與隨波逐留。
第二宮：財富之宮／一個關於「財富、財產」的家。
有人懂得賺取有形財富，有人能夠擁有無形財富。
第三宮：知識之宮／一個關於「知識與資訊」的家。
事實上每個人學習與擁有知識的能力、快慢、模式、種類、性向都是不一樣的。
第四宮：家庭之宮／一個「內在」的家。
原生家庭的種種風雨與晴天、痛苦與快樂、溝通與困難、安全與焦慮，都透過這一宮顯示。事實上，這一宮是「安全感」的根源。
第五宮：創造之宮／一個關於「創造力」的家。

創造力其實是一個很廣義的問題，所以第五宮是一個牽涉範圍很大的宮位，戀愛其實也是屬於廣義的創造行為，所以第五宮也稱為戀愛宮。

第六宮：工作之宮／一個關於「工作」的家。

基本上工作是沉重的，工作與疾病有千絲萬縷的關係，所以第六宮也是有名的健康宮。

你看前六宮，從自我的成長，一直到賺錢、學習、家庭、戀愛、工作及健康，其實都是自我問題的延伸。但從第七宮開始，人長大了，就會碰到與其他人合作、對抗、妥協、談判、相愛、互怨、原諒、背叛等等的問題了。

第七宮：人際關係之宮／一個關於「人際合作」的家。

事實上人與人之間的合作是很困難的，而最困難最複雜的人際合作就是夫妻關係。

第八宮：業力之宮／一個關於「原慾」的家。

業力就是生命慣性，原慾就是暗黑人性；這是沉重的包袱，也是扭轉的契機。

第九宮：哲學之宮／一個關於「思想與學問」的家。

從暗黑的第八宮到璀璨的第九宮，象徵精神文明與深層思想的曙光。

第十宮：事業之宮／一個「外在」的家。

人性中有一塊需要被看到、肯定、鼓勵與認同，而每個人得到認同的形式與多寡也是不盡相同的。事實上，這一宮是「榮耀感」的泉源。

第十一宮：理想之宮／一個「大我」的家。

理想是自我推擴到大我。理想事實上也是人性中的一部分。

第十二宮：宗教之宮／一個「無我」的家。

宗教讓大我蛻變至無我。宗教其實是人性深處的呼喚。

而且從十二宮安排的「節奏」也可以看出人生道路的順逆、浮沉、起伏、悲歡、高低都一定有時而盡，交錯而至。個人觀感：第一宮象徵的自我成長與調伏是比較「艱辛」的，接著二、三宮都比較「好玩」，到第四宮的家的問題當然會比較「沉重」，第五宮談戀愛又「好玩」了，接著第六宮工作與生病當然就「不好玩」囉，第七宮新婚嘛，「好玩」，第八宮業力的發生當然「很不好玩」，第九宮的高階學習與第十宮的拼事業自然充滿「朝氣」，第十一宮的理想會讓人「振奮」，但到第十二宮面對宗教與死亡的問題調性又變得不同，而趨向「深刻」了。也就是說，十二宮的理序告訴我們，人生的道路不是一條通，而是一個曲折迂迴的歷程。

第一宮：自我的缺席與執著

第一宮是「自我之宮」，古早的占星書稱為「命宮」，一般又稱「上升星座」。顧名思義，第一宮就是一個單純跟「我」有關的宮位。基本上，「自我之宮」的意義包括三個方面：

1、外觀特徵。（所以有所謂「外觀占星學」，但主要從第一宮內的星辰判斷。）

2、家世背景。

3、自性的能量。（相對於太陽星座代表父系能量，月亮星座代表母系能量，上升星座象徵自己的能量。）

看第一宮，首先看看是不是空宮，第一宮空宮象徵自我的荏弱與隨和，這種人會比較沒主見，自我意識較薄弱，但相對的人緣也會比較好比較容易說話。如果第一宮的星辰很多，星辰愈多代表自我愈強，很有主見，自我意識強大，也會比較頑固喔。當然，第一宮的星辰到底代表頑固還是有主見，就要看第一宮星辰相位的正負好壞了。

對第一宮空宮的朋友，就只能看第一宮的星座了。第一宮星座的火土風水，代表你擁有一個熱情自我、穩重自我、靈活自我、還是感性自我。

從「外觀占星學」來說，水星在第一宮會影響星圖主人身材矮小，金星在第一宮會產生真正的俊男美女，火星在第一宮會讓星圖主人擁有運動家的身材，天王星在第一宮的星圖主人會身材高壯等等。如從家世背景的視角來說，第一宮最喜歡太陽與木星，太陽在第一宮又相位很好代表家世顯赫，木星在第一宮又相位很好可能出身富有人家。但如果是土星，就可能象徵家裡比較窮或社會地位較低。從自性能量的角度，我們也來舉幾個例子，第一宮的月亮會影響星圖主人的個性情緒化，第一宮的火星會影響星圖主人的個性變得衝動，第一宮的冥王星會影響星圖主人的個性強勢而且意志力堅強。

總之，「我」是一個怎麼談都談不完的生命課題，「我」是每個人此生不得不面對的人生功課、方便法門、短暫旅程、神聖容器。自我發展得好可以是「隨和與堅定」，負面發展則會變成「軟弱與執著」，其實是同一個自我根源的一體兩面。另外，「我」也是一個彈性幅度很大的東西，我們可以讓「我」蛻變成「無我」，也可以讓它失控成「膨脹」，端看每個人如何抉擇自己的生命選項。關於自我的課題太多了——「我」是什麼？「我」是誰？「我」真的存在嗎？我的生命目標是什麼？我是怎樣的一個人？我的潛能與地雷是？………所以第一宮就是一個襄助我們探索內在自我的占星藍圖與工具。

第二宮：你到底能夠擁有什麼樣的財富？

第二宮是「財富之宮」，又稱為「自財宮」。「自財宮」是相對於第八宮「他財宮」而說的。顧名思義，第二宮就是一個單純跟「財富」有關的宮位。基本上，第二宮的財富比較偏向不動產、努力賺來的錢或正常收入。要看第二宮財運的好壞就要看第二宮裡星辰相位的好壞，而第二宮所屬的星座，則象徵星圖主人所能夠擁有的財富的性質；所以一張圖第二宮是空宮，就只能看到財運的性質，而看不出財運的好壞了。

事實上，一個人第二宮空宮，代表星圖主人對錢看得比較淡，對錢比較沒有概念，常常會忘記賺錢，錢對這種人來說常常不是一個那麼具體的東西。

有些星座在第二宮象徵星圖主人所擁有的是無形的財富，像：獅子、射手、水瓶、雙魚，也就是說「財富之宮」所指的財富是廣義的，不一定就是指錢；那所謂無形財富指的是什麼，好比：智慧、品德、學問、成就感等等。

至於第二宮的星辰，木星主富裕（財運的放大），土星主貧乏（財運的壓制），天王星主意外之財，冥王星主賺取財富的強大意志力。當然，要看一個人有沒有錢，不能只看第二宮，甚至不能只看宮位，還要觀察星辰的相位。第二宮是看一個人財富的重要面相，但不是全部。

更深層的理解，第二宮其實是象徵一個人對金錢的態度與看法，與金錢的緣分，與金錢的連結，或財富在他身上以何種形式表現等等，更白話的說法，就是喻指一個人的價值觀與理財觀，可以透過第二宮一窺端倪。

第三宮：人與資訊的因緣

在開始談第三宮之前，先行說明一個關於宮位的觀念——原來十二宮可以依據性質分成「單一性宮位」或「複合性宮位」。

顧名思義，所謂「單一性宮位」就是某一宮只管一件事情，譬如第一宮管自我，第二宮管財富等等，都是單一性宮位。至於「複合性宮位」，當然就是某一宮管兩件甚至好幾件的事情，事實上複合性宮位管得那麼寬，是有更深層的原因與連結的。第三宮就是十二宮裡的第一個複合性宮位。

第三宮的正式名稱是「知識宮」，但比較早期的占星學書籍又稱為「兄弟宮」，是不是有點奇怪？知識與兄弟好像沒什麼關係耶？這是兩件表面來看風馬牛不相及的事兒！事實上，知識與兄弟是有繫聯的。原來年幼生命的成長是有序列的，如果能尊重到幼兒生命成長的自然節拍，每個生命序列的能量都得到充分的照護與開發，即會養成一個沒有遺憾的成熟生命。從占星學的角度，幼兒經歷了自我的發現與外物的接觸之後，就進入語言學習的階段了，而對一個牙牙學語的小孩而言，最好的刺激他語文運作功能的對象當然就是年齡相近的兄弟姊妹囉（或有機緣一起長大的鄰居或其他小朋友）。相對來說，父母親（尤其是媽媽）比較是情感學習的對象，而兄弟姊妹之間則比較能夠發揮溝通學習的功能。所以我們常常看到只有大小孩能聽懂小小孩說的話，大人們根本不知道小小孩在嘰嘰咕咕講啥。這也解釋了為什麼獨生子長大之後會比較寡言，或不擅長與他人溝通，因為他們在成長的過程中失去了訓練溝通能力的對象與階段。也就是說，人學習溝通與語言能力的第一批對象常常是自己的兄弟姊妹，這就是為什麼「知識宮」同時又是「兄弟宮」的深層原因。

第三宮又是「淺層知識宮」、「初等教育宮」、「短期／途旅行宮」，這些名稱都是跟第九宮相對的，我們以後談到「蹺蹺板理論」時再說。當然，教育、留學、旅行等等都跟知識學習有關。總之，第三宮掌管一切知識活動，舉凡記憶、閱讀、寫作、演說、溝通、表達、文字、言語、會議、契約、協商、談判等等，都跟第三宮有關。

如果一個人的第三宮是空宮，代表上帝對星圖主人的知識學習沒意見，沒有提供助力，也沒有給與阻力。那就要看第三宮的星座，才能看出更多的學習型態。

基本上，第三宮喜歡風象星座，風象會讓第三宮的知性能量活潑起來。如果第三宮是土象星座，星圖主人的說話、思考、溝通等等速度會變得緩慢而審慎。相對的，火象星座的話，會覺得這個人說話、寫作、想事情像一陣急驚風，但常常沒經過大腦。如果第三宮是水象星座，那種種知性活動就會變得有點情感用事了。

所以第三宮比較喜歡像水星、天王星、木星等理性能量強的星辰，至於像月、金、海王等比較感性的星辰，跟第三宮就不是那麼麻吉了。事實上，不管哪顆星星在第三宮還是要看相位好壞——第三宮的星星相位好，基本代表頭腦的邏輯清楚、思路清晰，星星的相位不好，那就是腦袋瓜裡的資訊、知識有點混亂與打結了。

往更深處想，第三宮其實是看一個人與「資訊」的緣分。人與資訊的種種強弱、亂序、快慢、深淺、簡繁等等的關係，都可以透過第三宮一窺端倪。資訊其實並不抽象，而是很具體的東西，一個人從幼到老一直在學習與吸收各種資訊，包括小時候我們被要求「要乖啊」，長大後一直相信「人生是需要打拼的」，到老常常有「死亡的種種恐懼」……這都是一樁一樁的資訊，人的一生，都在持續不斷的發出與接收資訊，不管對或錯。所以深入觀察自己的第三宮，等於給自己機會重新反思、整理與資訊因緣的綜錯糾結。

第四宮：家，一個有著許多愛的回憶、糾結與背負的地方

第四宮又回到單一性宮位，但相對於二、三宮，第四宮是比較沉重比較不好玩的一宮。第四宮唯一的名稱就是「家庭宮」。而第四宮掌管的家庭指的是原生家庭，不包括婚後自組的家庭，所以跟「老家」有關的事情都在第四宮掌管的範圍，像祖父母、父母、親子互動、成長歲月、老房子、土地、遺產、祖業、故鄉、田園、繼承、遺產等等。基本上，這一宮所象徵的範疇是相當單純的。但，為什麼說第四宮是比較沉重的一宮呢？

原來家庭是充滿愛的地方，但也是存在著許多「功課」等著我們去理清的地方；家庭自然有許多依靠與溫暖，但也潛伏著許多前世宿緣與情感債務。親子因緣本來就是不容易的人際關係啊！真是甜蜜的負擔。父母難為，其實做子女的又何嘗容易！打個比方，父母子女的關係可以分成這四種：來報恩的、來報仇的、來還債的、來討債的。事實上不管恩仇還討，對雙方來講都是一輩子的不容易啊！所以第四宮是一個有著許多愛的回憶、糾結與背負的地方。

第四宮如果是空宮，可能代表星圖主人與家人的關係比較疏離，比較不親近；負擔較少，但也少了支援。那就要看第四宮的星座了。

從某個角度，第四宮的星座可以象徵自己與家人互動的模式。從火土風水的四分法來看——第四宮是火

象星座代表家裡的互動模式很熱情，但如果星星的相位不好可能代表「家暴」；第四宮是土象星座代表家裡的互動模式很傳統，但如果星星的相位不好可能代表「嚴苛」；第四宮是風象星座代表家裡的互動模式很開放，但如果星星的相位不好可能代表「疏離」；第四宮是水象星座代表家裡的互動模式充滿感情，但如果星星的相位不好可能代表「傷心」。

另外，從星辰的角度看第四宮，其實不只第四宮，在天底線左右的第三宮與第四宮都不喜歡三王星與土星，基本上代表的涵義是「幼運不佳」。因為三王星的意義比較接近靈性進化，跟重視基礎學習與穩定安全的三、四宮性質並不相近（靈性進化從來不是穩定安全的）；而土星是一股壓制的力量，當然會造成學習運與家庭運的困難。所以這四顆星星在天底線附近如果相位又不好，可能代表星圖主人從小是個囧小孩、不討人喜歡、小時候讀書運不佳、容易被老師忽略或責罰、童年歲月坎坷等等。但第四宮的土星或太陽，又象徵星圖主人有可能繼承家中傾向傳統型態的家業。第四宮的太陽或木星如果相位好，則星圖主人一生至少有一次繼承遺產的可能。

更深入的說，第四宮真正的主題是「情感支持」或「安全感」的問題。如果第四宮的相位很不好，代表星圖主人是一個缺乏安全感、成長經驗比較艱難的人，這種人長大後處理情感與各種人際關係當然也會比較笨拙與不順。相反的，如果第四宮的相位很好，星圖主人就會是一個自信、陽光、敢於冒險、懂得付出愛也懂得接受愛、充滿安全感與愛的正能量的人，當然處理情感與各種人際關係也會顯得得心應手。可見家庭的正面或負面能源對一個人的影響有多大。跳開占星學，筆者再提出一個「身體語言學」的角度。所謂「身體語言學」，意思就是身體是會說話的，尤其不同的軀體類型與不同的疾病模式都代表不同的心理訊號。在

「身體語言學」上，一個缺乏愛的支持的人會有一雙顯得瘦弱的腿（特別是小腿）與容易受傷的腳部關節。

所以，可以試試雙管齊下，觀察自己的雙腿，再配合研究自己星圖的第四宮，也許對原生家庭的問題與回憶，就比較能夠洞若觀火了。

第五宮：藝術、興趣、戀愛、子女、遊戲、偏財的共同根源，創造力

離開單一性與比較艱難的第四宮，進入第五宮，又到了一個比較好玩的複合性宮位。第五宮就是有名的「戀愛宮」，談戀愛，當然是好玩了。但第五宮象徵的範圍其實更廣泛，不只是戀愛的問題，這是一個名副其實的複合性宮位。我想，第五宮最好的名稱是「創造之宮」——管轄一切跟廣義的創造力有關的事情。像藝術、興趣、戲劇、設計等等，當然跟創造力有關；甚至嗜好、玩樂、賭博、投資、炒作等等，也是廣義的創造性行為呀，玩也是要講求創意的呀，要成為賭神，也是要有創意的呀，沒創意的頂多只是賭棍；至於愛情、性愛、子女、兩性關係，也是第五宮管的範疇，談戀愛當然要有創意，教育子女要能夠啟發孩子的創造力，生產也是廣義的創造性行為。第五宮象徵的領域相當廣，所以除了「創造之宮」、「戀愛宮」之外，第五宮也是「子女宮」、「遊戲之宮」與「偏財宮」。但所有多元人生的源頭都是指向生命內在的創造性能量。

第五宮如果是空宮，可能代表星圖主人創造力比較沉寂、子息比較單薄或者是桃花不夠旺比較難談戀愛的意思。但不管指哪方面的涵義，都要記住空宮的意思是弱，而不是負面的指稱。

第五宮會比較喜歡火象星座與風象星座，火象星座會燃燒起第五宮的創造能量，風象星座則會讓第五宮的創意顯得更活潑、多元與靈巧。

同理，火象星座與風象星座都是陽性星座，所以第五宮的性質也比較與陽性行星契合。第五宮特喜歡太陽，太陽讓第五宮的創意變得光輝亮麗。水星在第五宮的星圖主人會經常想出很多神奇的點子。火星在第五宮的創造力是屬於熱情而衝動的，像梵谷、貝多芬的風格。木星則會對第五宮的創造能量起放大與加乘作用。最後天王星在第五宮造就的創造能量則是另類而爆發型的。相對的，如果是月亮或海王星在第五宮，則是另一種細緻、敏感、神經質的創意型態。

第五宮的主題「創造力」，在古代的語言脈絡有另一個說法，就是「才氣」。是的！原來第五宮就是「才氣之宮」，一個管星圖主人有沒有才的宮位。但才氣這個東西一樣是中性的存在，正面的才氣可以是成就小我的良兵，也可以是造福大我的利器；但負面的才氣卻往往比沒有才的人製造出人間更大的災難與傷害。也就是說，才器或創造力這個東西，不只要看強弱與型態，更重要是看調控與品管——這就要從第五宮相位的正、負面去觀察了。

第六宮：工作與健康的雙重考驗

基本上，第六宮是複合性宮位，但第六宮的複合性很容易理解。第六宮就是管人間工作順逆、吉凶、型態、性質的種種問題的一宮；但工作又與健康有很密切的關係，所謂「職業病」嘛，工作通常是壓力的來源，而壓力會製造疾病。其實百分之九十以上的疾病都是「心因症」，常常是心理的問題亮起了生理的紅燈。所以第六宮就是「工作之宮」，也是「健康宮」。

如果第六宮是空宮，就代表上帝對你的工作與健康不置喙囉，那就自求多福，發揮自由意志吧。當然怎麼發揮，可以看看第六宮的星座。

第六宮是火象星座代表工作型態充滿朝氣與幹勁，土相星座代表星圖主人的工作是一種需要耐力與穩定度的工作，風象星座的工作內容講求創意與創新，水象星座則象徵藝術、宗教或跟人的互動有關的工作內容。

事實上，第六宮主要還是看星星。談第六宮，先要提不討人喜歡的土星。土星是第六宮的管轄星，土星在第六宮相位好，代表勞碌命、賺辛苦錢、但工作能力強，如果相位不好就是指工作的壓力很沉重了；至於土星在健康宮容易引發的病是骨科方面的疾病。相對的木星在第六宮象徵工作運勢強，相位不好就是指容易發生做事太超過或粗心大意的工作表現；木星在健康宮容易引發的病是散發型的疾病，譬如糖尿病。太陽在第六宮基本上表示工作亮眼，但相位不好會虛榮；相位不好的太陽在第六宮容易罹患心臟方面的疾病。至於月亮在第六宮的工作風格是纖細精巧的，相位不好就容易在工作場合裡情緒化，或情緒上受到干擾；至於月亮象徵的病則傾向婦女病或跟情緒有關的病。火星在第六宮相位好就是一個充滿幹勁與熱情的工作人格，相位不好就容易在職場上與他人發生衝突；火星型態的疾病則要比較注意，通常火星的病都是比較兇猛的，像猛暴性的疾病、意外事故或性病，女生還要注意生產方面的危險，而不管什麼病，嚴重程度都要看負面相位的強弱而定。在第六宮，冥王星代表意志力強大的工作人格，但冥王星的性格很偏激，工作表現上不是大成就是大敗，所以也特別要注意負面的冥王星相位；冥王星帶來的疾病也同樣不可小覷，常常代表來勢洶洶的病況。

是的！第六宮是比較不好玩的宮位，但工作與健康也同樣是人生不能不面對之重，也許，記住下面一句戰爭格言，就比較能夠克服第六宮的挑戰了：凡勇於面對戰爭的，愈不會死於戰爭。

第七宮：重要人際關係的平靜與波瀾

第七宮是有名的「婚姻宮」。事實上第七宮是單一性宮位，但第七宮不只管婚姻方面的問題，第七宮的真正名稱應該是「人際關係之宮」，而人際關係之中最難處理的就是婚姻關係，所以又稱為「婚姻宮」或「夫妻宮」。夫妻關係既感性、又理性、既是相約終身的愛侶、又是生活合作的夥伴、夫妻相處基本上是平輩對等、卻也經常彈性調整上下關係，而且夫婦相處可以像父女、母子、兄妹、姐弟、朋友、甚至師生，彼此的關係是隨機變動的。所以第七宮當然是幸福的，但幸福也可以沉淪為災難，婚姻確實是不容易處理得好的人生課題。

如果第七宮是空宮，可能代表夫妻緣或人際關係的連結比較淡薄，但不表示就是嫁不出去或娶不到老婆，上帝不說話，反而要靠自己多加努力爭取啊！

四象星座倒是可以看出一個人婚姻或重要人際關係的不同型態。火象星座的婚姻型態熱情但衝動，土象星座的婚姻型態穩定卻無聊，風象星座的婚姻型態活潑卻不穩定，水象星座的婚姻型態感性但易受傷。

第七宮反而喜歡別的宮位都敬而遠之的土星，因為婚姻需要的是穩定，但如果土星的相位很不好，就可能是怨偶了，煩死都不會離的那種。相反的，第七宮最不喜歡的是水星，如果第七宮水星的相位很不好，那就是有名的離婚相位了，因為婚姻需要的是穩定，而不是輕浮思變。第二不喜歡的是天王星，天王星的個性也是比較難測。月亮也是容易變化，但月亮的變化比較是內心的，所以第七宮的月亮相位好的話，象徵夫妻或夥伴之間的溝通纖細而敏銳，相位不好那就是二人之間有很多不穩定的情緒因素了。如果是金星在第七宮，那就是婚姻中還有著愛情的感覺。

總之，第七宮管轄的人際關係都不會是泛泛之交，都是人生中重要的關係，譬如：夫妻。又像合夥人的關係，所謂合夥人，牽涉到金錢、事業或理想的合作，都不是容易的事情呀，又要小心因財失義或因財反目的考驗，所以合夥人當然也是重要人際關係的一種，第七宮因此又稱為「合夥人之宮」。第七宮中還有一種很好玩的關係，就是公開敵人。哈！有人公然對你叫板，全世界都知道你倆是不對盤的冤家，這不是重要的人際關係是什麼？事實上，如何與敵人維持一種微妙的競合關係以激發自己的成長，本身就是一門學問與藝術了。人與人的相處本來就是很困難的一件事，兩個人在一起，就自成一個江湖，相處得好，那就是河清水靜，萬一處理不好，就會翻江倒海了。

第八宮：原慾之宮的沉重與困難

第八宮的正式名稱應該是「業力之宮」。這是筆者個人對第八宮取的名字。所謂業力，就是指生命的慣性。生命的慣性很盲目、很無明、很難破，從累世而來，而造就了此生的果報。所以第八宮是跟前世今生有關的宮位，是跟靈魂債務有關的宮位，是跟因果有關的宮位，是十二宮中最沉重的一個宮位。基本上，第八宮應該是單一性宮位，所管轄的範圍就是上面所描述的領域，靈魂的領域。但第八宮的名稱很多，又稱為「他財宮」，這是相對於第二宮「自財宮」而言的；第八宮又是因人成事的宮位，所以對女生而言，第八宮可以稱為「夫財宮」，對男生而言，第八宮就是「妻財宮」；第八宮又是「債務宮」，包含金錢、情感與精神上的債務；第八宮又是「原慾之宮」，因為一切的業力果報，其實都是由原始慾望造成的。

第八宮的情況跟其他宮位不太相同，因為第八宮太「難搞」了。第八宮最好的情況是空宮，代表業力輕，前世的債務處理得差不多了，你不欠人，別人也不欠你，乾脆！不然就算第八宮星星的相位好，也代表靈魂的債務還沒結清，有待處理。

至於星座，當然不同的星座象徵業力與債務的不同性質與型態，但，第八宮最不好就是天蠍座，神祕而執著的天蠍座會加重第八宮的業力而不肯放手，第八宮天蠍座就是double的第八宮人。

同理，第八宮也是最不喜歡冥王星，如果那麼衰第八宮在天蠍座，又有冥王星，那就是triple的第八宮人，萬一冥王星的相位又很不好！那就真是……其他三顆凶星也會加重第八宮的業力——土星會讓業力變得很沉重，火星型的業力會很猛烈，海王星的業力則會讓當事人感到很糾纏難解。相對的，人與人之間的債務還是攤在陽光下比較可能說清與償還，所以第八宮比較喜歡其他的陽性行星——日、水、木、天王。

我的老師韓良露說過，第八宮的原慾其實是指人跟人在金錢、權力、性、生死之間的分配與困難，這都是人生最困難最難解的結呀！結解不開，就造成劫了。金錢，太多好朋友因財反目的例子了。權力，誰當老大？誰說話算數？誰管人？誰被管？這可是會爭得頭破血流的，老二？沒人願意當老二的。性，性已經變成許多男人女人制約對方的武器。生死，非常情境，誰生誰死？天人交戰，更是人性的大考驗了。現在我們比較了解原慾之宮的真正意義吧！這一關不好過的。如果你的第八宮真的很不好，業力很重，那就看看第十二宮中有否存在補救與平衡。因為第八宮與第十二宮是十二宮中跟靈魂最有關的兩個宮位。

第九宮：人類文化的上層建築、精神文明、高深學習、學術領域的家

第九宮是複合性宮位。正式名稱是「哲學宮」或「思想宮」，又稱「深層知識宮」、「高等教育宮」、「長期／途旅行宮」、「遷移宮」，這些名稱都是跟第三宮相對的。經歷了沉重的第八宮的業力磨練，到了第九宮，至少精神上是愉快的，展現著對高深學問學習與研究的熱情。

如果第九宮是空宮，代表星圖主人深造、異國旅行、異國文化方面的緣比較淡薄，那就看星座了。

第九宮火象星座代表跟體力或行動力有關的研究方向，譬如運動理論、田野調查、表演訓練等等。第九宮土象星座代表穩定型或實務型的研究方向，譬如財經、工商、統計、實驗等等。第九宮風象星座代表跟創意或研發有關的研究方向，譬如科研、創作、設計等等類科。第九宮水象星座代表跟人或情感有關的研究方向，譬如宗教、藝術、文學、人事組織等等的研究類型。

從異國文化或旅行的角度，第九宮最喜歡木、金星，代表有出國深造的可能或指異國情緣，當然以正面相位為準。從高等學習的角度，三王星與土星在第九宮的意義：天王星代表充滿創意的研究能量，海王星象徵軟性的研究向度，冥王星代表堅強的研究意志，土星則象徵勤奮刻苦的研究精神；但如果相位不好，天王是混亂，海王是模糊，冥王代表研究工作的挫折，土星則是障礙。

事實上，我覺得第九宮最好的名稱是「精神之宮」——象徵一切精神文明、人類文化的上層建築、高深學習、學術領域的一個宮位。這麼看來，第九宮又變像單一性宮位了。但第九宮的高深學習比較傾向理論性與知識性的範圍，如果要了解星圖主人的人格學習與靈魂學習方面的事情，就要看第十一宮與第十二宮了。

第十宮：自我延伸、榮耀感與掌聲的祕密

經歷了高深學習的第九宮，又到達單一性宮位的第十宮。第十宮的主題與名稱很簡明，就是「事業之宮」。舉凡事業、成就、社經地位、知名度、檯面上的光環、人生目標、老闆、領導者、國王、總統等等，都屬於第十宮管轄的範圍。從星圖結構來看，第十宮位於星圖最高位置的天頂，象徵現實人生中最高的成就。打一個比方，第四宮是小魚兒潛在海床深處吸收養分、茁壯成長、緩緩吐納的所在，那第十宮就是這隻魚兒往上一直游一直游終於露出水面的地方了。第十宮，是現實人生道路的最高目的地。

如果一張星圖的第十宮是空宮，代表當事人的事業感比較薄弱，或許是沒啥創業的心情與心理能量，也許代表比較沒有當老闆的命（事實上也是星圖主人自己沒那個想法）。但第十宮空宮不是說就一定不能創業，只是能不能開公司當老闆，上帝沒意見，就完全看個人的自由意志了。

當然，從星座可以看到第十宮的事業性質，也許我們可以看得更細緻一點。第十宮巨蟹座代表跟家庭、小孩子、嬰兒、兩性關係有關的事業。雙魚座則象徵宗教、文學、藝術方面的事業。而另一個水象星座天蠍座的第十宮事業則多了一份神祕或玄學的色彩。至於火象星座，第十宮射手座代表跟電、法律、哲學或理論性有關的事業。白羊座則接近工、商或開創型方面的事業。而另一個火象星座獅子座的第十宮事業則跟廣義的表演或舞台工作有關。再來是風象星座，第十宮水瓶座代表創意型事業，雙子座代表知識型或溝通性事

業，而天秤座代表協調型或跟人事有關的事業。最後是三個土象星座，三個土象星座的事業性質很接近，都是比較接近實務型或工商業方面的型態，但處女座傾向組織性的事業型態，摩羯座接近領導性的事業型態，至於金牛座的事業型態則有物質性的取向，譬如原物料、酒、食物、奢侈品等等的買賣。

至於第十宮的星辰，第十宮最喜歡太陽與木星，太陽代表事業的顯赫，木星象徵事業的擴大，當然以正面相位為然。土星代表經營的是辛苦的事業，天王與水星則與資訊、創意、設計類的行業有關。

更深入的說，第十宮真正的主題是「自我延伸」或「榮耀感」的問題。這是一個跟「掌聲」有關的宮位。從第十宮的星座、星星與相位可以看到一個人對「掌聲」的態度、重視、取向、做法各方面的不同。當然，從廣義的事業來評斷，第十宮比較是在講事業的「目標」，至於事業的「報酬」與「理想」等面向，就同時要看星圖中的第六宮與第十一宮了。

第十一宮：一個探尋成熟人格最高可能性的場域

筆者一直覺得，第十一宮在十二宮之中是一個很不一樣的宮位。第十一宮的正式名稱應該是「理想之宮」，又稱為「朋友宮」或「大我宮」。這一宮理當是一個複合性的宮位，舉凡理想、朋友關係、大我情懷、道德觀、人道主義、人類大家庭、議會、環保主義、品格、社團、學術團體、社會運動、社會議題、願望、慈善機構、兩性平權等等，都跟十一宮有關。但，有注意到嗎？在那麼多元的內容裡，存在著一個貫串其中的連結，就是人性深處對理想的渴望與嚮往。

如果你的第十一宮是空宮，代表你的朋友緣或對理想的渴望比較淡薄，基本上，你是一個沒有理想的追尋仍然可以活得很安穩的人。一般來說，我們叫這種人為現實主義者。

那就看十一宮的星座了。第十一宮在火象星座代表對朋友或理想有著一份熱情，第十一宮在土象星座代表對朋友或理想的態度是比較務實而冷靜的，第十一宮在風象星座代表對朋友或理想存在著高昂的想望以及有許多天馬行空的想法，至於第十一宮在水象星座則代表對朋友或理想潛藏著一份很深的情感投射。當然，第十一宮最喜歡的自然是深富人道精神的水瓶座與宗教情懷的雙魚座。

十一宮最喜歡的星辰也是天王星與海王星，比較有明顯知性傾向的水、木也跟十一宮的人文色彩很接近，金星在十一宮象徵有可能在朋友聚會或社團圈子裡遇見自己的真命愛侶，火星在十一宮則表示對理想有著一份衝勁或對朋友有著一份義氣。

第十一宮是一個很「輕」也很「重」的宮位——像對朋友，不給朋友壓力的朋友就是最好的朋友，所謂君子之交淡如水嘛，所以朋友相交最好放「輕」點；但朋友情誼又是一輩子的事兒，所以朋友關係也自有鄭「重」的一面。又像面對理想，把理想看得太重，勢必無法致遠，但將理想看得太輕鬆，又有點不對味，因此面對理想的尋求，理當不輕不重，亦輕亦重。第十一宮實在是很特殊的一個宮位——它不是血緣的聚合，像三、四、五宮；也不完全是情感的連結，像五、七宮；也不屬於利害關係的因緣，像二、六、八、十宮；甚至跟宗教或靈性追求也不全然相同，像八、十二宮。事實上，十一宮的主題是「品德」或「人格」，十一宮是一個完完全全屬於「人」的宮位，一個探尋成熟人格最高可能性的宮位，一個要求我們做好一個人與好好的對待另一個人的宮位。所以嘛，十一宮，不妨也可以稱之為「人之宮」。

第十二宮：生命核心機制的靈魂場域

到了最後一宮，可以說是單一性宮位，因為第十二宮就是「宗教之宮」；也可以說是複合性宮位，因為相對第六宮而言，第十二宮同時掌管宗教事務與業力疾病兩個方面。舉凡宗教、修行、隱私、禁閉、醫院、慈善、監獄、祕密、祕密敵人、師傅、寺廟、前世記憶、潛意識、業力病、同門修行、靈修典籍等等，都跟第十二宮有關。很好玩的一點，第七宮管公開敵人，十二宮管的卻是祕密敵人——敵對陣營的是公開敵人，本黨同志的卻可能是祕密敵人；公開敵人多表示人緣不好，祕密敵人多卻可能是因為白目得罪很多人最後連怎麼個死法都不知道。

如果第十二宮是空宮，可能就代表宗教緣比較薄囉，那就看星座。

基本上，第十二宮比較契近像巨蟹、獅子、天蠍、射手、水瓶、雙魚等情感性或精神性較強烈的星座——巨蟹座以宗教為家，獅子座以宗教為榮；天蠍座對宗教死忠，射手座對宗教熱情；水瓶座有著民胞物與的大我情懷，雙魚座深具明心見性的修行氣質。

如果第十二宮有星辰，海王星當然最能加強第十二宮的宗教性，但海王星的相位萬一很負面，則可能會遇到宗教欺騙或各式神棍，而海王星象徵的業力病（前世因緣帶來的疾病）可能指纏綿很久的宿疾或隱疾。

月亮在第十二宮相位很不好，有一件事最好不要做：催眠。其實在第十二宮相位很負面的月亮與冥王星，在修行上都可能引發「入魔」的業力果報，如果是90度或180度在2度內角差的月、冥相位，都要特別注意，所謂「入魔」，就是「別人」住進你的家，而且通常能強行住進別人家的都是猛人，很大咖的，道教稱為「奪舍」，（肉身）房子被別人搶了。所以「入魔」與「走火」意思是不同的，簡單的說，「走火」就是練功練岔氣，負面相位的火星在第十二宮就要注意這種問題了，相反的，如果火星相位好，就代表對宗教或修行有一股狂熱與衝勁。至於負面相位的土星，就指宗教或修行上的障礙或困難了。

在十二宮中，跟靈魂、修行、業力、前世經驗最有關的就是第八宮與第十二宮，但第八宮比較負面與沉重，相對的第十二宮比較中性，當然也比較難分析。事實上，第十二宮也是一個跟慧根或靈性程度有關的宮位，尤其相位好的三王星在第十二宮，就更指這個意思了。也許，一般人會覺得宗教與修行跟現實人生的距離是比較遠的，其實靈魂的影響與業力的牽引就像一部電腦的基本指令或核心模式，我們往往感覺不到它的存在，但離不開它的運作與原理，尤其萬一核心程式發生問題，整個生命電腦的運作都會是扭曲的。

翹翹板理論：人生的平衡與失衡

一一審視過十二宮的理路與脈絡，我們來做進一步的「整理」，將十二宮歸納成六對翹翹板。六對翹翹板其實就是指六個人生議題，六對翹翹板將一與七、二與八、三與九、四與十、五與十一、六與十二宮相對，其實就是指六種相反相合的人生態勢。翹翹板理論是筆者的獨家研創，符合傳統占星的原理，是一種更有系統的宏觀宮位的技法；事實上，翹翹板理論的重點是討論人生各個領域的平衡與失衡，而翹翹板的兩端都是相隔六個宮位，兩端的拉鋸不外乎下列四種情形：

1、翹翹板的兩端都是空宮，這很簡單，就是說這個翹翹板不是你的人生舞台，這可能不是你發光發熱而且容易忽略的地方。

2、翹翹板的前宮有星星，後宮是空宮——生命能量偏重在前宮的舞台與場域上。

3、翹翹板的後宮有星星，前宮是空宮——生命能量偏重在後宮的舞台與場域上。

4、翹翹板的兩端都有星星，這當然就是你重要的人生舞台與課題了，但到底是象徵平衡或衝突，又可以再細分兩種狀況——

（1）兩端都有星星，但前後宮的星星並沒有形成180度的對相，所以這是一個平衡、共榮、並存、兼顧的生命狀態，這是上天的禮物。譬如：家庭與事業的和諧與平衡。

（2）兩端都有星星，但前後宮的星星形成了180度的對相，所以象徵翹翹板兩端人生領域的衝突、矛盾與對立，這是人生的考驗。譬如：家庭與事業的衝突與緊張。

好了！這篇小文章的最後，先行看看六對翹翹板（六個人生議題）的基本設定：

*第一對翹翹板：自愛與他愛的平衡與失衡。

這是一、七宮的整體議題。這是一對講「愛的關係」的翹翹板。

*第二對翹翹板：生命中的佔有與分享。

這是二、八宮所呈現的問題。這是一對講「財富分配」的翹翹板。

*第三對翹翹板：淺層學習與深層學習。

這是三、九宮所進行的討論。這是一對講「學習型態」的翹翹板。

*第四對翹翹板：內在的家與外在的家的平衡與失衡。

這是四、十宮的對話。這是一對講「家庭事業」的翹翹板。

*第五對翹翹板：個人才氣與大我情懷的平衡與失衡。

這是五、十一宮所顯示的意義。這是一對講「己群關係」的翹翹板。

*第六對翹翹板：世俗工作與神聖工作的平衡與失衡。

這是六、十二宮的生命課題。這是一對講「人間天上」的翹翹板。

六對翹翹板分別討論了關係、財富、學習、內外、己群、人天的生命議題，下面的文章，我們就一一分析這六個生命議題的來龍去脈。

第一對翹翹板：自愛與他愛的平衡與失衡

第一對翹翹板，一、七宮對話的生命議題：自愛與他愛的平衡與失衡。

第一宮是自我之宮，管家世、長相、個性、自我意識等等跟自我相關的問題。第七宮是人際關係之宮，基本上就是象徵人生中種種重要的人際關係，包括合夥與婚姻，所以第七宮也是有名的婚姻宮。那麼，這一對翹翹板的內涵就是講自愛與他愛、自己與他人、個體與群體、自我意志與婚姻關係的對立與對話。我們就按照每對翹翹板的「四種狀況」來進行分析吧。

狀況一　一、七宮都是空宮

也就是說上帝對這張星圖的主人的「愛的關係」並不置喙，自愛與他愛如何平衡，就交由星圖主人發揮自由意志去處理。碰到空宮，就只能看星座了。如果第一宮是火象星座，通常第七宮會是風象星座，反之亦然。第一宮火象星座的人性格會比較熱情主動，但婚姻與人際關係會比較淡漠；相對的第一宮風象星座的人性格會比較靈活理性，但婚姻與人際關係反而會熱情。如果第一宮是土象星座，通常第七宮會是水象星座，反之亦然。第一宮土象星座的人性格內斂穩定，但在婚姻與人際關係中會重視感情；相對的第一宮水象星座的人性格情感充沛，但在婚姻與人際關係中會比較含蓄。

狀況二　一宮有星星，七宮空宮

這個狀況指星圖主人的性格可能比較強勢，比較自我中心，比較不會顧及他人的感受，是人際或婚姻關係中的大男人或大女人。這種性格尤其以第一宮的星星愈多，相位愈負面，愈是如此。譬如，太陽在第一宮，第七宮空宮，這可能是一個家世顯赫或人格亮麗的星圖主人，相對的他的配偶或夥伴就會顯得黯淡。又像，月亮在第一宮，第七宮空宮，星圖主人的個性就會顯得很情緒化，都會要求對方配合自己的情緒、嗜好或議題。

狀況三　一宮空宮，七宮有星星

這個狀況指星圖主人的性格可能比較弱勢，比較會顧慮他人的反應，比較沒有自己的主見，比較隨和，比較隨波逐流、人云亦云，是人際或婚姻關係中的小男人或小女人。這種性格尤其以第七宮星星的相位愈負面，愈是如此。譬如，太陽在第七宮，第一宮空宮，可能代表星圖主人以配偶為重（尤其以女性的星圖為然），在關係中願意扮演陪襯、協助的一方，當然也可能象徵擁有一段搶眼的婚姻或配偶。又像，月亮在第七宮，第一宮空宮，星圖主人會傾向願意遷就對方的情緒，如果是女性的星圖，星圖主人可能會嫁給一位比自己更像女人（某一方面）的丈夫。

狀況四　一、七宮都有星星

如果一、七宮的星星彼此沒有180度相位的連結，那這是上帝的禮物，代表自愛與他愛、自我與婚姻的和諧並存。相反的，如果一、七宮的星星之間出現180度的衝突相，當然就代表自愛與他愛、自我與婚姻的衝突，讓星圖主人容易陷入愛自己多些還是照顧對方多些的矛盾情結之中。

自愛與他愛其實不只是愛的議題，更是人格成熟的問題，意思是：愛的平衡是一個終身學習的生命功課。在自愛的基礎上對別人好，那是一份正能量的健康的愛；但在自愛、成熟之後卻不去幫助更多的人，那就陷入愛的枯寂與冬天了。同理，他愛必須在成熟的人格基礎上才是一份沒有副作用的愛，但如果他愛缺乏自愛的成長過程，就恐怕會出現愛的佔有、扭曲與傷害了。

第二對翹翹板：生命中的佔有與分享

第二對翹翹板，二、八宮對話的生命議題：生命中的佔有與分享。

第二宮是財帛宮或自財宮，管擁有、佔有、正常收入、今世財運等等跟財富相關的問題。第八宮是業力宮或他財宮，管分享、爭奪、投資收入、前世債務等等跟業報相關的問題。那麼，這一對翹翹板的內涵就是講自財與他財、佔有與分配、財富與債務等等關係的對立與對話。是的！這是兩個廣義財富的宮位。我們就按照每對翹翹板的「四種狀況」來進行分析吧。

狀況一　二、八宮都是空宮

也就是說上帝對星圖主人的「財富問題」並不干涉，沒有減分，也沒有加分，所以財富的擁有與分享如何處理，就交由星圖主人發揮自由意志了。一般來說，這一對翹翹板碰到空宮，通常代表關於財運的機遇比較一般，但同時前世的債務也比較清償。也許，財富，並不是這個星圖主人的人生主題或課題，反而不用花太多心力去經營這一個不屬於自己的舞台了。

狀況二　二宮有星星，八宮空宮

這個狀況指星圖主人的財務形態比較單純，收入固定，進財的門道也比較單一偏狹，如果同時第十宮是空宮，通常就是指一份穩定的薪支收入吧，當然，也相對比較不會有金錢糾葛與債務牽扯。

狀況三　二宮空宮，八宮有星星

這個狀況指星圖主人的財務型態比較依循「非正常」途徑，可能是從投資、投機、關係、集資等等型態獲利，這也就是「他財宮」的意思。當然，如果第八宮的相位很負面，即可能讓星圖主人陷入紛爭甚至爭奪的業力陷阱，所以第八宮空宮比較是比喻前世業力較輕的涵義，這在前文單論第八宮時說明過了。

狀況四　二、八宮都有星星

如果二、八宮的星星彼此沒有180度相位的連結，代表星圖主人的財路甚廣，不但能自己努力掙錢，也能靈活理財，而且能夠守財也能分享，是一個對處理廣義的財富很有能力的人，這當然是上帝的禮物了。相反的，如果二、八宮的星星之間出現180度的衝突相，就代表星圖主人財務混亂、易起糾紛、比較執著，容易掉入對「財富」看得太大的迷思，所以如何面對、擺平、放下「財富」，就成了生命中的重要課題。

總之，這一對翹翹板絕對不只是談有形的金錢，還包括無形的貪執與業力的問題。「財富」，有時真是人性中的嚴峻考驗。

文章最後，想提出一個佛學布施的智慧。佛教三施：財施、法施、無畏布施。慈善家愈布施金錢財物自己會愈有錢，想想確實如此，哪怕不談善業牽引，從平實的角度去想，一個慈善家布施的錢愈多，當然會發現錢愈不夠用，自然就更努力的掙錢，結果當然就是愈有錢了。一個智者或學者愈布施智慧自己也會變得愈有智慧，不是嗎？愈慷慨的與朋友分享自己的學問見地，愈能耐心細密的詳盡解說，愈能言之成理的展現深刻，那麼教學相長，一再的練習解說與教授，自自然然的自己的理路就會愈清楚，當然學問就日益深邃了。最後，無畏布施也是這樣呀，一個愈勇敢無私幫助他人的人自己會變得愈加勇敢，這就更容易理解了，勇氣與膽氣也是需要磨練的，只要想想一個習慣在槍林彈雨中克盡職守的老鳥警察跟一個第一次身陷槍戰中的菜鳥警察的差別，就懂得愈助人無畏自己愈無畏的道理了。

老子也是這樣說的：「既已為人己愈有，既已與人己愈多。」是啊！人生就是愈服務，愈成熟；愈付出，愈富有；愈無私，愈壯大的。我有一個名詞：「反彈原理」——財物、智慧、勇氣甚至人生所有珍貴的「財富」，愈不保留的拋擲出去，它反彈回來的力道也就愈大。

第三對翹翹板：淺層學習與深層學習

第三對翹翹板，三、九宮對話的生命議題：淺層學習與深層學習。

第三宮是知識宮或基礎教育宮，掌管知識、資訊、基礎教育與記憶性心智等等的相關領域。第九宮是思想宮或高等教育宮，掌管思想、文化、高等教育與思考性心智等等的相關領域。那麼，這一對翹翹板的內涵就是講知識與思想、淺層學習與深層學習的對立與對話。是的！這是兩個關於學習型態的宮位。我們就按照每對翹翹板的「四種狀況」來進行分析吧。

狀況一　三、九宮都是空宮

也就是說上帝對星圖主人的「學習問題」並不干涉，沒有減分，也沒有加分，所以星圖主人能不能學有所成，就端看本身的努力、意志與毅力了。一般來說，這一對翹翹板碰到空宮，就只能從三、九宮所屬的星座去看星圖主人的學習型態，尤其第九宮的星座可以看出研究、深造的系所性質與學習方向，當然，考試運氣的好壞與研究成就的高低，就看不出來了。

狀況二　三宮有星星，九宮空宮

這個狀況的含義是指星圖主人的學習型態比較偏重基礎教育的範疇，比較走「博」的路線，比較靈活，比較屬於記憶性心智的運用，比較傾向通俗與實用；相對的，就可能不是往「研究／高深」的路子上走的人生方向。多說一句，第三宮星星相位的好壞可以看到一個人幼學的運勢，當然讀者可以參考前文第三宮的專論。

狀況三　三宮空宮，九宮有星星

這個狀況的含義是指星圖主人的學習型態比較偏重高層教育的領域，比較走「專」的路線，比較深刻，比較屬於思考性心智的運用，比較傾向文化與理論；相對的，就可能不是往「應用／多元」的路子上走的人生方向。多說一句，第九宮星星相位的好壞可以看到一個人高等教育的考試運與研究方向，當然讀者可以參考前文第九宮的專論。

狀況四　三、九宮都有星星

如果三、九宮的星星彼此沒有180度相位的連結，代表星圖主人的學習能力寬廣，對基礎知識與高深文化都能兼顧，記憶能力與思考能力都不錯，只要相位好的話，應該是一個很有學問的人，這當然是上帝的禮物了。相反的，如果三、九宮的星星之間出現180度的衝突相，就代表星圖主人思想混亂，學習困難，考試運也會不好，有學習熱忱卻理路矛盾，甚至會出現基礎學習與高層學習打架、衝突的情形，如果星圖的相位很不好，上述的情形就必須注意了。

心智、學習是一個很奇妙的世界，它可以有各種不同的型態與深淺，它包含了淺層學習與深層學習、知識學習與文化學習、記憶型學習與思考型學習、多元性學習與專業性學習、左腦型學習與右腦型學習、科學性學習與宗教性學習、推理學習與綜觀學習、分析能力的學習與整合能力的學習等等。從三、九宮的複雜互動，即可以觀察出不同星圖主人的心智奧祕與學習端倪吧。

第四對翹翹板：內在的家與外在的家的平衡與失衡

第四對翹翹板，四、十宮的生命議題：內在的家與外在的家的對話。

第四宮是家庭宮，當然就是掌管父母及原生家庭等等相關的問題。第十宮是事業宮，當然就是掌管事業、目標與社會成就等等的相關領域。那麼，這一對翹翹板的內涵就很清楚了，就是講家庭與事業的對立與對話。是的！這是兩個關於家裡家外的宮位。我們就按照每對翹翹板的「四種狀況」來進行分析吧。

狀況一　四、十宮都是空宮

也就是說上帝對星圖主人的「家庭與事業問題」並不干涉，沒有減分，也沒有加分，所以能不能兼顧家庭的照顧與事業的發展，上帝就完全交給星圖主人去發揮自由意志了。一般來說，這一對翹翹板碰到空宮，就只能從四、十宮所屬的星座去看家庭與事業的「性質」——第四宮的星座代表星圖主人在原生家庭的親子互動模式，第十宮的星座則象徵適合發展的事業型態與類別。

狀況二　四宮有星星，十宮空宮

這個狀況的含義是指星圖主人將更多的時間與精力放在家庭的照顧與經營上，家庭緣份比較深，投注在事業上的能量就難免較欠缺了。如果第四宮星星的相位不好，就象徵家庭親子的債務比較沉重，內在的家，比較缺乏「安全感」，而這就是星圖主人所必須面對的人生課題了。

狀況三　四宮空宮，十宮有星星

這個狀況的含義是指星圖主人將更多的時間與精力放在事業的衝刺與經營上，事業緣份比較深，投注在家庭上的能量就難免較欠缺了。如果第十宮星星的相位不好，就象徵事業經營的障礙與困難，外在的家，比較匱乏「成就感」，而這就是星圖主人的野心與課題所在。

狀況四　四、十宮都有星星

當然，如果四、十宮的星星彼此沒有180度相位的連結，代表星圖主人能同時兼顧家庭的維護與事業的經營，家庭事業，魚與熊掌兼得，這當然就是一個圓滿的人生了。相反的，如果四、十宮的星星之間出現180度的衝突相，很簡單的，就代表星圖主人家庭與事業的衝突，譬如：家庭的包袱太沉重，讓星圖主人花了太多時間去處理，導致疏忽了事業上所出現的漏洞與問題；也可能是花太多時間去忙事業，疏忽了家人的感受，而衍生出家庭裂痕。如果四、十宮的衝突相太嚴重，那家庭事業衝突所帶來的人生地震，感受就會相當強烈了。

這一對翹翹板的對話讓我們得到一個更深層的發現：原來在這個地球道場，我們不只擁有一個家！占星學告訴我們：生命有十二個家，就是十二宮位。每個家的主題與需求都不同，對四、十宮來說，家庭與事業，就是內在的家與外在的家，這兩個家的主題與重點就是「安全感」與「榮譽感」吧。

安全感的根源就是愛，所以家庭的主要功能就是提供愛的能源，而一個有完整愛與被愛的經驗的人，長大後就是一個有足夠自信的人，這樣的人不太需要他人的掌聲，這樣的人有足夠的自信與任何人平起平坐，這樣的人有足夠的愛的能源讓他邁開腳步與鼓起勇氣。

至於榮譽感與成就感，其實是一種愛的肯定與挹注，等於是一個再充電的配備，幫助我們去打開更壯闊的人生局面。當然，榮譽感與成就感又可以細分為深層與淺層、內在與外在——深層的其實就是滿足於自我肯定，自己給自己鼓掌；淺層的就需索他人的肯定與掌聲了，這可是煩惱與痛苦的根源。如果讀者熟悉筆者的占星脈絡，就會知道深淺內外的榮譽感與成就感的差別就在第十宮相位的正負吉凶。

其實家庭與事業、安全感與榮譽感是擁有緊密相連卻陰陽對反的因果關係的：愈有安全感（愛的自信）的人，愈不依賴他人的認同，卻往往愈容易得到他人的認同；另一面，愈欠缺安全感（愛的匱乏）的人，愈需索他人的認同，反而愈容易陷入依賴、孤苦、受傷、控制、佔有等等的情感悲劇之中。是啊！家庭的支持是愛的水源地，事業的成就則是愛的充電站。

第五對翹翹板：個人才華與大我情懷的平衡與失衡

第五對翹翹板，五、十一宮的生命議題：才氣與品德的對話。

第五宮是創造力之宮或愛情宮，當然就是掌管像愛情、子女、藝術、博弈、遊戲、娛樂、才華等一切的廣義創造力行為。第十一宮是理想之宮或朋友宮，當然就是掌管像朋友、理想、大愛、公益、精神、品格等等的大我議題。那麼，這一對翹翹板的內涵就很清楚了，就是講個性與群性、小我與大我、才氣與品德的對立與對話。是的！這是兩個關於才與德的宮位。我們就按照每對翹翹板的「四種狀況」來進行分析吧。

狀況一　五、十一宮都是空宮

也就是說上帝對星圖主人的「才德內涵」並不干涉，沒有減分，也沒有加分，所以能不能成為一個有才氣或有格調的人，上帝就完全交給星圖主人去發揮自由意志了。一般來說，這一對翹翹板碰到空宮，就只能從五、十一宮所屬的星座去看星圖主人戀愛與交友、才情與品德的「性質」；但才氣與品德畢竟是比較抽象的東西，這是兩個並不具體的宮位，所以還是需要多一點線索去觀察。

狀況二　五宮有星星，十一宮空宮

這個狀況的含義是指星圖主人將更多的生命能量表現在個人的才華、戀愛的尋求或創意的發揮上，這是一個有才氣或桃花比較旺的人，投注在公益事業上的能量就比較薄弱了。如果第五宮星星的相位不好，就象徵戀愛的障礙、創意的窒礙或太顯才的危險。才氣，如果欠缺品德的浸潤，有時愈有才愈可能是一種災難與破壞。

狀況三　五宮空宮，十一宮有星星

這個狀況的含義是指星圖主人將更多的生命能量表現在群體的維護、朋友的經營或德性的成長上，這是一個有理想或道德感比較強的人，投注在個人事業上的能量就相對薄弱了。如果第十一宮星星的相位不好，就象徵友誼的困難、理想的危機或原則太高的毛病。品德，如果欠缺手段的支持，有時太講究原則也會變成一種困難。

狀況四　五、十一宮都有星星

當然，如果五、十一宮的星星彼此沒有180度相位的連結，代表星圖主人是一個有能力也有原則、有才氣也有品格的人，這當然就是一個完整人格，古儒家文化就稱為「君子」，君子就是才德皆美之士。傳統文化，不只要人當好人，還要當一個有能力的好人。相反的，如果五、十一宮的星星之間出現180度的衝突相，很簡單的，就代表星圖主人容易發生才華與道德的衝突，譬如：掌握複製人技術的科學家面對種種道德爭議的沉思與苦惱。又像：一個兼具能力與良知的政治家在理想公共政策與國家經濟發展的脆弱平衡的天秤前面陷入兩難。如果單純有才的人或許會不管原則的牽絆，而道德感凌駕其他考量之上的人也可能會不管不顧所謂的現實利益，但同時兼具兩者的人就常常會落入小我與大我、才華發揮與道德顧慮的矛盾、搖擺與衝突之中，這就是五、十一宮的衝突相太嚴重所代表的含義了。

這一對翹翹板兼有很外在與很內在的面相：愛情與朋友兩種人際關係是很外在的人生問題，但才氣與品德的相互依存卻是一個很內在的連結與對話。其實這是一對互動的概念：品德是基底，才氣是發展；品德是做人原則，才氣是做事能力；品德是根本，才氣是繁花；品德是內功，才氣是招式；品德是生命成熟的功夫，才氣是生命成熟的效應。有才無德容易無恥，有德無才幾近腦殘；有德的才可能造就解民倒懸的俠客，有才的德才不至於是無用武之地的英雄。事實上，每個人才與德的對話都是具體獨特而多元豐富的——有人重德藏鋒，有人重才輕德，有人才德兼修，有人才德皆廢，有人德內才外，有人才內德外，有人德七才三，有人德三才七……所以從星圖五、十一宮翹翹板的分析，就可以對每個人既獨特又豐富的才德對話略窺端倪吧。

第六對翹翹板：世俗工作與神聖工作的平衡與失衡

第六對翹翹板，六、十二宮的生命議題：世俗工作與神聖工作的對話。

第六宮是工作宮或人間工作之宮，掌管工作、健康、人間工作等領域。第十二宮是宗教宮或天上工作之宮，掌管宗教、靈性、天上工作等領域。那麼，這一對翹翹板的內涵就很清楚了，就是「人天之間」的對立與對話。如果用最簡單的話來說明人間工作與天上工作——做的事情有錢就是人間工作，做的事情沒錢就是天上工作；人間工作是為了「謀食」，天上工作是為了「謀道」。那我們就按照每對翹翹板的「四種狀況」來進行分析吧。

狀況一　六、十二宮都是空宮

也就是說上帝對星圖主人的「工作內容」並不置喙，沒有減分，也沒有加分，所以能不能成為一個好的工作者或好的靈修者，上帝就完全交給星圖主人去發揮自由意志了。一般來說，這一對翹翹板碰到空宮，就只能從六、十二宮所屬的星座去看星圖主人的工作性質或修行路線，至於工作運與宗教緣，就比較看不出來了。

狀況二　六宮有星星，十二宮空宮

這個狀況的含義是指星圖主人將更多的生命能量、時間、精力放在現實的工作上，相對於靈性的成長就比較沒那麼注意了，這是一個現實型人格。第六宮星星的相位好就代表星圖主人是一個能幹的人，相位不好就象徵工作障礙或各種不同的職業病——找得到病因的病，因為第六宮也是一個跟健康有關的宮位。

狀況三　六宮空宮，十二宮有星星

這個狀況的含義是指星圖主人將更多的生命能量、時間、精力放在修行的工作上，相對於現實的工作就比較沒那麼注意了，這是一個靈修型人格。第十二宮星星的相位好就代表星圖主人是一個好的修行者，相位不好就象徵修行障礙或各種不同的業力病——找不到病因的病，因為第十二宮也是一個跟業力有關的宮位。

狀況四　六、十二宮都有星星

當然，如果六、十二宮的星星彼此沒有180度相位的連結，代表星圖主人是一個能同時擁有人間工作與天上工作的人，這種人能解決麵包的問題，也能為自己準備好心靈的糧食，能擁有世俗智慧，也能學習神聖智慧。相反的，如果六、十二宮的星星之間出現180度的衝突相，很簡單的，就代表星圖主人容易發生人間工作與天上工作的衝突及打架，譬如：一個很會賺錢的佛弟子常常在學佛法與做事業之間掙扎與忙不過來。又像：一個年輕人在拼命賺錢與生命成長的十字路口上猶豫徘徊。還有特別要注意的，六、十二宮的180度衝突相也可能象徵職業病與業力病的糾結纏綿，如果負面相位很強時，就比較要小心了。

這一對翹翹板的義涵很接近傳統文化所講的「謀食」與「謀道」。聯想到民國初年蔡元培、胡適之諸賢，一生治學問、辦教育、不置產、無積財，真是應了孔老夫子說的「君子謀道不謀食，憂道不憂貧。」胡適之整天罵舊文化，其實自己就是個傳統儒者的典型。是的，讀書人就應該有讀書人的樣子，堅持讓自己活得像一個人，隱約聽到他們正緩緩地對著這世代說：放棄比堅持更難。是的！世界上存在著一些比吃飯更重要的東西，人間裡潛藏著許多比病苦更強大的力量。在謀財、謀生、謀位、謀食、謀略、謀事……等等人生選擇之外，孔老夫子提供了另一條與前面說的許多「謀」並行不悖的生命道路：謀道——真理的思量、尋求與投身。而謀道，正是十二宮的問題。

當然，謀食與謀道是並不矛盾的，六與十二宮是可以兼顧的，如何同時將世俗工作與神聖工作做好，就端看生命行者的深厚與成熟。對一個大成熟者來說，世俗，其實是另一種神聖；而擁抱天上，也必須進一步懂得擁抱人間。

關於「四個基本宮位」

從這篇文章開始，我們談談關於宮位的靈活運用。

事實上，十二宮位與十二星座一樣，都是工具——占星學用來觀察人性、了解人性、分析人性的工具。而不同的占星學家，理當對工具的內涵有不同的看法與理解，對工具的操作也應該有不同的技巧與風格。也就是說，宮位是談不完的，因為每個占星學家使用宮位的角度與模型都是不一樣的。所以接下來的幾篇文章，其實就是筆者透過宮位讀圖的個人心得及方法，如何將宮位拆開與重組，藉以觀察不同的人生面相，所以這不代表其他占星家也會使用相同的視角與手法。好，首先，我們先從四個基本宮位談起。

四個基本宮就是一、四、七、十宮，這是占星學的共識，這四個宮位就是代表人生的基本面，整理如下：

第一宮——自我之宮／主題是自我／這是一個關於「志氣」的宮位／象徵人生的出發點。

第四宮——家庭之宮／主題是支持／這是一個關於「感情」的宮位／象徵人生的基礎。

第七宮——婚姻之宮／主題是夥伴／這是一個關於「關係」的宮位／象徵人生的聯繫。

第十宮——事業之宮／主題是榮耀／這是一個關於「成就」的宮位／象徵人生的目標。

自我、家庭、婚姻與事業，或者說志氣、感情、關係與成就，這些不就是現實人生最基本的經歷嗎？所以稱為基本宮。當然，這四個宮位相關的種種星座、星辰與星相的問題，前文已經介紹過，本文就不贅說了。關於四個基本宮位有一個綜合的看法，就是四個宮位的空宮率愈高，就代表這樣的人生的失落感或空虛感愈強，也許，這樣的人生儘管衣食無缺、生活優渥，但內心就是有著一份說不出所以然的悵然若失。還有另一個解讀的角度，如果四個基本宮裡有三到四個宮位是空宮，就可能象徵與一般人不同的人生道路吧。

關於「四個財富宮位」

這四個宮位各自相關的星座、星辰與星相的種種問題，前文已經介紹過，本文就不贅說了。

一般人知道跟「財富」（這裡指的是現實、物質的財富）有關的宮位是第二宮及第八宮——自財宮與他財宮。二、八宮所負責的財富性質分別是不動產與動產、死錢與活錢、薪資與投資、正常收入與編制外收入、自己努力工作賺來的錢與透過跟他人的關係而掙來的錢等等。所以從這兩個宮位的空宮與否、相位好壞等等不同情況即可以看出星圖主人的進財型態。譬如：第二宮有星星第八宮空宮，代表星圖主人賺的是辛苦錢或實力錢，進財的門路比較狹隘；相反的，第八宮有星星第二宮空宮，就是說星圖主人賺錢的門路廣闊，但根基可能比較不紮實。又譬如：土星在第二宮而第八宮星星的相位很好，代表星圖主人賺錢很辛苦，不妨多開闢些理財投資的門路；相對的，土星在第八宮而第二宮星星的相位很好，則表示投資理財會有相當的挫折與困難，還是以掙專業或實力錢為宜。

事實上，跟財富有關的除了二、八宮，還同時要看四、五宮。第四宮是家庭宮，跟家庭有關的獲利就是家族事業或遺產方面，所以從財富的角度，第四宮又可以稱為遺產宮。第五宮是創造力之宮，而投資、理財、甚至炒短線、賭博，其實都是跟創造力有關的，所以從財富的角度，第五宮又可以稱為偏財宮。尤其日、木在第四宮，相位夠好是有可能繼承遺產或祖業的，如果土星在第四宮則可能代表對家庭事業的責任。

至於一個人能不能成投資高手或賭神，就要看第五宮的能量夠不夠強以及相位夠不夠好了，相位不好就可能落得投資失敗或賭棍一枚了。

所以跟財富有關的宮位是二、八、四、五宮，整理如下：

第二宮——自財宮／跟專業錢、實力錢、正財、薪資，不動產等等有關的宮位。

第八宮——他財宮／跟理財、投資、投機、夫財、妻財、股票、證券、動產等等有關的宮位。

第四宮——遺產宮／跟遺產、繼承、家族事業等等有關的宮位。

第五宮——偏財宮／跟投機、炒作、快錢、偏財、博弈、彩券等等有關的宮位。

所以綜合分析一張星圖的自財、他財、遺產、偏財四個宮位，即可以看出星圖主人至少百分之五十的財運。為什麼只有百分之五十呢？另外百分之五十呢？要看星星的相位了。既然提到財運，就一道說一說。要看月、金、木、天的相位。

月、金除了是感情星，也是財運星，占星學的深意是：感情與金錢其實是一個銅板的兩面。所以要看月、金與木、天之間的相位，就是四組相位囉（月木、月天、金木、金天）；木星相位是正財相位，天王星相位是偏財相位，如果四組相位有出現很強的正面能量，才可能是巨富，當然，負面相位就是失財的相位囉，也可以分正財的失財與偏財的失財。總之，綜合分析四個宮位與四組相位，就是占星學的財運全占星了。

關於「三個業力宮位」

一般來說，很少從「業力」的角度看宮位的問題，這是屬於「靈魂占星學」的領域。所謂業力，意思就是生命慣性，而且是指累世累代延續下來的生命慣性。所以業力是很難掙脫與突破的命運牽引。個人意見，業力並不是不能斬斷，命運並不是不能扭轉，但生命行者必須育養出高度的覺知與成熟，所以說是頗不容易的心靈工程。但不管如何，學理上，心性論是凌駕因果律之上的，業力，是可以改變的，只是很難。而要扭轉業力，先要了解業力；要轉「運」，先要知「命」。所以「靈魂占星學」就是了知自己業力的一支占星工具。但每張星圖所顯示的業力消息是不一樣的，所顯示關於業力的清晰度也是不同的。基本上，跟前世業力最有關的，是同一個向度的三角宮位四、八、十二宮。

至於這四個宮位種種星座、星辰與星相的問題，以前已經介紹過，本文就不贅說，只挑跟業力問題有關的討論。

第四宮是家庭宮，所以第四宮所顯示的是原生家庭或親子關係的業力。不是有一個說法嗎？親子之間是冤親債主，彼此的情感糾結得很深，所以自古以來，親子關係都是不容易處理好的關係。基本上，第四宮星星的相位愈負面，代表親子之間的前世債務愈沉重，愈不好處理；而且家庭的主要功能是愛的支持，一個在缺乏愛的支持的環境中長大的孩子，會變得自信不足，安全感不夠，人際關係困難，這就是無明業力的沒完沒了，而這正是背負沉重的親子業債者此生所要學習的功課。另外，如果剛好太陽或月亮在第四宮，則象徵累世親子情緣的可能了。

第八宮就是業力宮，所顯示的正是前世留下的「債務」，就是「欠」債。不管是我們欠別人的，還是別人欠我們的，反正就是情感、金錢、傷害、性或權力地位的相「欠」。嘿！輪迴道上的行者，出來混久了，最終還是要「還」的。所以第八宮是十二宮中最難熬的一宮，也是三個業力相關的宮位之中最沉重的一個，相位愈負面，即代表業力愈強大。第八宮最忌諱遇到冥王星，其次是土星，不同的星星在第八宮即代表不同的債務型態。譬如：金星象徵情感的債務、火星象徵性的債務、土星象徵沉重的債務、冥王星象徵激烈的債務等等。

第十二宮是宗教宮，所顯示的基本上是指前世的善業或惡業影響到此生在宗教或修行上的正負果報。所以在十二宮星星的正面相位象徵在靈修上不同的途徑與法門，負面相位則代表在靈修上不同型態的障礙或不同性質的業力病。至於從疾病的角度看宮位，1H的病通常是指基因造成的病（先天病），6H的病通常是機能性或職業性的病（後天病），而12H的病則往往是指因果病或業力病（無明病）。在下面，我們將三個與業力相關的宮位比較如下：

＊4H是家庭宮／父母宮。隱喻前世債務關係的延續與糾結。

＊8H是業力宮／分配宮。隱喻前世債務關係的報應與責任。

＊12H是宗教宮／因果宮。隱喻前世債務關係的夙緣與進化。

說真的！因果業報是一條漫長的生命河流，其間的勾串牽引、循環往復，內中因果往往是微妙難知的，而占星學只不過是略略透露了一點點的線索與端倪。筆者個人的體會，4H比較是因，會影響到部分8H的果，8H本身又是因，會影響及12H的果，而12H造就的善因或惡因，也會種下4H的善果或惡果。用更直白的語言說，親子之間關係處理得好與不好，當然會減輕或加重業力的債務，而業力債務的處理自然會關係到靈性成長的強弱覺迷，然後一個生命行者的覺知程度，也理當會波及下一世的親子型態。這是三個互為因果的宮位，這是一條想方設法斬斷因果鎖鏈的漫漫長路。

關於「人間事業三部曲」

關於「事業」的宮位倒是很清楚，就是六、十、十一宮。綜合觀察這三個宮位，即可看出星圖主人的整體事業型態。不過有一點需要說明，在占星學中，「事業」與「財運」是分開看的，事業要看六、十、十一宮，財運要看二、八、四、五宮（見前文）——一個事業有成的人不一定有時間享用他的財富，相對的一個有錢人不一定有出色的事業與成就。至於這三個宮位相關的星座、星辰與星相的問題，前文已經介紹過的，本文就不重複了。

第六宮是工作宮、打工仔的宮、給別人當老闆的宮。從第六宮所屬的星座可以看出職場型態，從相位的好壞可以看出星圖主人的工作運，從不同的星辰則可以看出工作的態度及狀態等等問題。如果第六宮是空宮，就是說上帝對星圖主人的工作並不置喙；如果在事業三部曲中星星大部分集中在此宮，就多少表示星圖主人是打工仔的命囉。

第十宮是事業宮、老闆的宮、當別人老闆的宮。從第十宮所屬的星座可以看出一個人的事業型態及方向，從相位的好壞可以看出星圖主人的事業運，從不同的星辰則可以看出經營風格及事業性質等等問題。如果第十宮是空宮，就是說上帝對星圖主人的事業這一塊不說話；如果在事業三部曲中星星大部分集中在此宮，就多少表示星圖主人有當老闆或創業的可能。

第十一宮是志業宮、理想宮、精神夥伴的宮。從第十一宮所屬的星座可以看出一個人的志業型態及方向，從相位的好壞可以看出星圖主人的追尋理想的運勢，從不同的星辰則可以看出追尋理想過程的具體狀態或問題。如果第十一宮是空宮，就是說上帝對星圖主人的理想這一塊不說話；如果在事業三部曲中星星大部分集中在此宮，就多少表示星圖主人是一個勇於追尋、實現理想的人。

將「人間事業三部曲」整理如下：

＊6H是職業宮

這是一個為生存工作的場域。

這是給別人當老闆的宮。

主題是「工作」。

＊10H是事業宮

這是一個為野心工作的場域。

這是當別人老闆的宮。

主題是「成就」。

＊11H是志業宮

這是一個為理想工作的場域。

這是成為別人夥伴的宮。

主題是「他愛」。

綜合觀察這三部曲的整體態勢，理當可以得出一個人的事業型態。譬如：6H有很多星星，其他10H與11H都是空宮，就代表星圖主人一生營營役役於工作、糊口、養家，其他的事業或理想都無暇顧及了。又譬如：6H空宮，10H的相位不錯，11H的星星也不少但相位有正有負，這可能表示星圖主人的家世不錯，不太用工作就社經地位頗高，卻花了很大力氣去追逐理想，但志業的經營與實踐卻投入得頗辛苦。最後一個例子：三個宮位都有星星，相位上6H很好，10H不好，11H不錯，即可能象徵星圖主人的工作能力很強，但事業版圖卻頗有遭遇挫折，所以可能轉移心力去追逐理想，去做更多不計較金錢卻更有意義的事，因此心轉境轉，事業的困難反而得到化解。

關於「靈性事業三部曲」

在這篇文章說說三或四個「不現實」的宮位。跟內在、內涵、修養、學問等等有關的幾個宮位。顧名思義，這幾個宮位不是用來看一個人外在的成績或成就，而是用來看一個人內在的氣度、深度、厚度與高度。我稱為「靈性事業三部曲」或「內在四部曲」，先行分說如下：

＊3H是知識宮

這是一個觀察知識高度的宮位。

知識的重點在博。

＊9H是哲學宮

這是一個觀察思想高度的宮位。

思想的重點在深。

＊11H是理想宮

這是一個觀察人格高度的宮位。

人格的重點在寬厚。

＊12H是宗教宮

這是一個觀察心靈高度的宮位。

心靈的重點在純粹。

（如果是「靈性事業三部曲」，就不看第三宮，將第三宮納進來，就是關於內涵的四部曲。）

第三宮是知識宮或資訊宮，又稱為淺層學習宮或初等教育宮。如果這一宮是空宮，就代表上帝對星圖主人的知識學習保持中立。如果有星星座落此宮相位又正面，即象徵博聞強記與知識豐富；如果相位不好，就有可能是指頭腦混亂了。

第九宮是哲學宮或思想宮，又稱為深層學習宮或高等教育宮。如果這一宮是空宮，就代表上帝對星圖主人的思想學問並不置喙。如果有星星座落此宮相位又正面，即象徵好學深思與心智深刻；如果相位不好，就有可能是指思想的扭曲或怪異了。

第十一宮是理想宮或大我宮，掌管理想、品德、朋友、夥伴、大我情懷方面的問題。如果這一宮是空宮，就代表上帝對星圖主人的品德沒有插手，好人或壞人得由自己決定。如果有星星座落此宮相位又正面，即象徵充滿理想與人品寬厚；如果相位不好，就有可能是沒品了。

第十二宮是宗教宮或無我宮，掌管宗教、靈修、師傅、同修、無我無為方面的素養。如果這一宮是空宮，就代表上帝對星圖主人的修行沒有插手，有修或沒修就由自己決定了。如果有星星座落此宮相位又正面，即象徵宗教情懷與心靈素質；如果相位不好，就有可能是指修行上的挫折、障礙了。

所以從三、九、十一、十二宮可以清楚檢查自己的知識、思想、人格與慧根的整體狀況，藉以了解自己的內在財富。譬如：一張星圖3H與9H很多星星，11H及12H空宮，就代表星圖主人比較是走一條知識學習、學術研究的路，而不是一個著重修養、行動、內在、心性的人格。又譬如：即便四個宮位都是空宮（機率其實很低），也不用擔心自己是一個沒知識、沒學問、沒品、沒慧根的人，只是上帝對靈性或內在成長，完全讓星圖主人發揮自由意志，從某個角度來說，反而是上帝或老天爺對這個生命倍加珍視而不敢輕動。至於這四個宮位相關的種種星座、星辰與星相的問題，前文已經介紹過的，本文就不贅說了。

當然，如果這個世界真的是一體連動的，內財就不只是內財，因為內財會影響外財，內財的狀態是否優質，會影響到外財的取得是否可能，至少內財可以幫助我們用正確的態度面對外財。但如果是二分的看，內財是比較可以掌握的，就算這四個宮位很多空宮，也可以發揮自由意志去決定我們是怎麼樣的一個人；相對的，外財就不見得是個人可以全然控制與決定了，「命定」的味道就顯得比較濃郁了。

關於「愛情三部曲」與愛情四星星

最後一篇關於宮位的文章，我們來談談「愛情三部曲」，以及四顆跟愛情特有關係的星星吧。三個宮位就是5H、7H、8H，四顆星星就是月、金、火、海；從三個宮位看愛情的客觀運勢，從四顆星星看愛情的主觀人格。主觀加客觀，運勢加態度，加起來就是一個小小的愛情全占星了。先行分別列舉如下，先看三部曲（宮位）：

＊5H是戀愛宮，也就是婚前的宮位。

＊7H是婚姻宮，掌管婚後前面七到十年的宮位。

＊8H是婚後宮，掌管婚後七到十年之後的宮位。

所以這三個宮位其實就是婚前宮、新婚宮與婚後宮。好，再來看四顆愛情星星的含義（星辰）：

＊月亮——象徵初見時的印象、感覺、情緒與火花。

＊金星——進入戀愛的態度、人格與形象。

＊火星——作為一個性伴侶的態度、表現與形象。

＊海王星——漫長經歷之後藏在靈魂深處的愛慾與繫念。

所以月、金、火、海分別指初識情份、情感的愛、肉體的愛、靈魂的愛。整體而言就是一個人的愛情人格，也有一點由淺入深的戀愛歷程的意味。

至於這四個宮位相關的種種星座、星辰與星相的問題，前文已經介紹過的，本文就不贅說了。進一步細論：第五宮如果是空宮，就代表桃花較弱，比較難談戀愛；當然，第五宮星星的正、負面相位就是指正桃花與爛桃花的差別了。第七宮空宮可能表示晚婚，而第七宮最不喜歡的是水星與天王星的負面相位，尤其前者，是著名的離婚相位；因為婚姻最需要的是穩定，所以七宮反而喜歡別的宮位都不喜歡的土星，但土星相位如果負面，就象徵怎麼離都離不掉的怨偶。至於第八宮的婚後相處反而是最忌諱冥王與土星的負面相位風暴了。

從「愛情三部曲」可以看出星圖主人一生大體的愛情運勢。譬如：5H空宮，7H的星星相位負面，8H的星星相位卻蠻好，就象徵戀愛比較難談，戀愛運不強，結婚後會有一段頗艱辛的考驗，但不要輕言離異，咬緊牙關熬過婚姻初期的長夜，結婚愈久感情反而會漸入佳境、愈沉愈香。再舉一個例子：5H、7H星星的相位都不錯，8H星星的相位卻不好，那就是談戀愛與結婚都頗順，但要有心理建設，真正的考驗是在中年歲月後的婚姻，要觀察8H不同星星的負面相位所代表的不同含義，然後好好面對與學習婚姻的課題。

接著細論愛情四星星：正如上文所說的，從這四顆星星的星座，可以看出一個人初識另一個人時的情緒，到談戀愛的態度，到上床，到靈魂的愛慾——所以是是由淺入深有層次的觀察一個人的愛情人格。

舉個例子：月、金、火、海分別在射手、射手、摩羯、天蠍——代表這是一個初見面很熱情直率，愛情也很容易發生，性人格很小心但強烈，靈魂深處的愛也是執著而深刻的人。另一個例子：月、金、火、海分別在巨蟹、天平、天蠍、天蠍——代表這是一個初見面時有點害羞但溫暖，談戀愛談得很優雅但有點太溫和，性能量很深沉，同樣的靈魂深處的愛也是執著而深刻的人。但這個組合是三個陰性星座加一個最娘的陽性星座天平座，所以整體來說愛情能量有點太柔軟，不夠陽剛了。

相位的遊戲

JUNE
JULY
AUGUST
SEPTEMBER
OCTOBER
NOVEMBER
DECEMBER
JANUARY
FEBRUARY
MARCH
APRIL
MAY

相位就是角度，角度激發能場

占星學的四個基本元素——十星、星位、宮位與相位，等於是占星學的基本功。基本功的根基打好，就能夠游刃有餘的掌握各種進階技術。四項基本功的最後一項，相位，用最簡單的白話來說，就是角度。相位就是角度，星星與星星之間形成的特殊角度。

相位的英文是Aspect，意思是「狀態」。「狀態」是一個好詞，其實每一個人際關係，就是一個不同的狀態。而不同的行星交角會形成不同的狀態，不同狀態會激發不同的能量，所以相位的意思其實就是能量狀態。總之，相位就是角度，相位就是狀態，相位就是能量變化，不同的相位就是不同的能場。

事實上，能量是活的，能場是一個具體的存在，每個人都可以覺察到能場的真實，不需要是修行人，稍微細心的人都可以感覺到。譬如愛侶廝磨，好友敘舊，仇敵對決，都各有不同的能場與氛圍，是明顯不同的。另外，不同的情緒與心境會出現不同的「氣」，就是能量，心境平和的人的氣寬厚，心情緊張的人的氣急促，身處危機的人的氣敏銳，練武的人的氣一般來說剛強。更細心的，甚至可以感受到氣會影響到動植物、水、做事的狀態、別人的心念等等，能量是有真實的影響力的。不同的姿體語言也會出現不同的氣場，這就是因為人與人之間所造成的不同角度，這就是下一篇文章要討論的四大相位的內涵了。

四大相位述要：一個半好人＋兩個半壞人

占星學的相位有數十種到數百種，但一直往上歸納，其實最後得到的就是0度、180度、90度、120度四種相位，就是有名的「四大相位」——四種主要的星際角度或能量狀態。條列如下：

＊0度相位稱為合相。

占星學符號是☌。

0度相位的意思是「加強」，這是一個「相乘」的相位。

這個相位的能量可正可負。

＊180度相位稱為對相。

占星學符號是☍。

180度相位的意思是「衝突或對立」，這是一個「相衝」的相位。

這個是一個外在負面能量的相位。象徵痛苦能量的外在化。

＊90度相位稱為掙扎相。

占星學符號是□。

90度相位的意思是「掙扎或困難」，這是一個「相剋」的相位。

這個是一個內在負面能量的相位。象徵痛苦能量的內在化。

＊120度相位稱為諧和相。

占星學符號是Δ。

120度相位的意思是「諧和或順利」，這是一個「相生」的相位。

這個是一個正面能量的相位。

四大相位是不同的行星的不同角度形成不同的正、負能量，事實上，這四種角度也經常出現在日常生活的肢體語言之中——譬如：情侶黏在一起依偎在一起就是0度相位，這種肢體語言與角度會加強二人的感情，但如果不是情侶而亂用這樣的肢體語言就會加強彼此的尷尬。談判、對陣的肢體角度則是180度相位，90度相位的講話角度則會製造雙方的緊張感。所以不要太遠也不要太黏的120度相位是最佳的談話姿態。不同的角度，即會產生不同的人際以及星際能量。

★　★　★

接下來分析四大相位的內裡乾坤。

（1）諧和相的彩虹歲月

四大相位中，只有120度的諧和相是唯一完全正面能量的相位，但弔詭的是，這也是四大相位中力量最弱的相位，占星學反映了這個世界「道高一尺，魔高一丈」的一面，或者說這個世界「逆境多於順境」的一面。諧和相通常代表生命中很順手、很精細、很愉悅的生命能量或天賦，但通常不代表「力量」。譬如冥火諧和相——就是象徵一種很有衝勁很有意志力的做事的fu，但往往不如冥火合相彼此加強了偏激與衝動的力量強大。又譬如天水諧和相——這應該是象徵創意思考或學習的能力，但也往往不如天水合相激發了彼此的創造性心智與記憶性心智的力量強大。總之，諧和相比較接近「順利」而不是「成就」。人生喔，有時會遇著彩虹一般的時光，美麗、順遂，但也短暫而容易失去。

（2）衝突相的戰火連天與掙扎相的內在幽魂

四大相位中，力量最強的是兩個純負面相位——180度的對相與90度的掙扎相。對相的意思是「衝突」，對相的衝突是指外在、具體人或事的鬥爭，所以是痛苦能量的外在化，我們稱為「戰爭型」相位。掙扎相的意思是「困難」，掙扎相的困難是指內在心理或情緒的壓力，所以是痛苦能量的內在化，我們稱為「內耗型」相位。打個比方，兩岸是對相，藍綠是掙扎相；金庸小說《笑傲江湖》中五嶽劍派與日月神教的對抗是對相，而五嶽劍派本身的內鬥是掙扎相；在市場的競爭是對相，回家跟老婆吵架是掙扎相。很難說哪個相位比較負面、比較辛苦、傷害比較大——對相是「短痛型」的爆發，掙扎相是「長痛型」的鬱悶，哪一個比較苦呢？很難說吧！譬如土月對相與土月掙扎相——土月對相可能是有真實的事件或人造成星圖主人情緒上的壓力，而土月掙扎相則可能是內心的壓力或陰影，而且不容易找得到真正的壓力源。又譬如木金對相與木金掙扎相——前者可能是一場具體的愛情風暴，後者的這場愛情風暴可能發生在心裡，或者是指內心對一場混亂感情的困惑與難以委決。總之，對相是外在戰爭的連天戰火，掙扎相是內在戰爭的心靈幽魂。

（3）合相的強大與糾結

上文提過，最強的正面相位是正面的0度相位，強於120度相位。譬如海金合相從人格特質來說可能是真正的藝術家，而海金諧和相則可能只是指喜歡藝術或藝術氣質。又譬如正面相位的木土合相，代表冒險能量與審慎能量相互紐合激發成一種強大的人格力，但土木諧和相就只是說明星圖主人能夠拿捏好進與退之間的分寸。至於0度相位的正、負屬性，總共有三種情形：

1、如果一顆星辰只有0度相位，那這是正面能量的0度相位。這是好人。

2、如果一顆星辰同時擁有0度相位與120度相位，那這也是正面能量的0度相位。這也是好人。

3、如果一顆星辰同時擁有0度相位與180度或90度相位，那這就是負面能量的0度相位了。這就是壞人了。

關於負面的0度相位，我們也舉兩個例子。像負面的土木合相，就是指想冒險與想守成的矛盾、糾結與衝突，結果常常是兩面都不討好。又像負面的海水合相，就是指思路糊塗混亂的加乘了——心愈亂愈愛鑽牛角尖，結果又愈想心愈亂。

所以從正、負的能量屬性來看，四大相位是兩個半壞人＋一個半好人的結構組合。

高低階星的相位：三個相位的國度

在這篇文章，談三組相位——從陰陽屬性或高低階星的角度談相位。

一般來說，比較知道十二星座分陰陽，原來十星也分成陰性行星與陽性行星——月、金、土、海四顆屬於陰性行星，而日、水、火、木、天、冥六顆屬於陽性行星。（突然離題的聯想：從十二行星保護十二星座的占星學的理想架構來說，如果真有還沒被發現的兩顆神祕行星的存在，應該都是陰性行星。）十顆陰陽行星中，排除掉太陽月亮（因為太陽月亮的陽、陰能量是比較「中性」的，與其他陽性能量行星及陰性能量行星都不會特別契合或差異），其他八顆可以分成三組高低階星。如下所列：

1、冥土火是一組

冥王星是土星的高階星，土星是火星的高階星，所以冥王星當然也是火星的高階星。

火星是土星的低階星，土星是冥王星的低階星，所以火星當然也是冥王星的低階星。

這一組高低階星之間如果形成相位，相位的能量會增強。這一組的相位比較傾向負面能量。另外，這一組的冥王星與火星都是陽性行星，土星卻是陰性行星，但因為三者屬性相近，所以放在同一組。

2、天木水是一組

天王星是木星的高階星，木星是水星的高階星，所以天王星當然也是水星的高階星。水星是木星的低階星，木星是天王星的低階星，所以水星當然也是天王星的低階星。

這一組高低階星之間如果形成相位，相位的能量會增強。這一組的相位比較傾向正面能量。另外，這一組的三顆星星都是陽性行星。

3、海金是一組

海王星是金星的高階星。金星是海王星的低階星。

這一組高低階星之間如果形成相位，相位的能量會增強。這一組的相位比較傾向藝術、情感、宗教方面的性質。而這一組的海與金都是陰性行星。

接著，每組高低階星各舉兩個例子如下：

第一組——如果出現冥火諧和相，星圖主人會感到精力旺盛、信心十足、充滿幹勁，表現在哪個方面，就看這個相位出現在哪兩個宮位了。如果出現負面相位的土火對相，就很清楚的是指火星的精力或性能量被土星壓制，在哪個宮位，就是哪個人生舞台遭受鎮壓了。

第二組——如果是正面的木水合相，就是水星的心智力量被木星放大與加強，尤其這個相位如果出現在一、三、五、九宮，力量更會加乘。如果是負面的天木掙扎相就是象徵一股強大卻失控的混亂能量，如果在5H就是指愛情或創造力的失控，如果在11H通常是指朋友關係的失控吧。

第三組——如果是海金諧和相，應該就是指美麗浪漫的愛情能量囉，如果是水象星座相位會增加浪漫，如果是火象星座相位會增加熱情。如果是負面相位的海金對相，那很可能就是指愛情欺騙事件了，看在什麼宮位，就要小心注意什麼樣的人生場合。

所以下次分析星圖的相位時，細心注意一下是否出現高低階星的增強型相位。

重要相位（必須面對的人生課題）與相位觀察四部曲

談相位，有一個重要關鍵不能不提到，就是——重要相位。什麼是重要相位？如何界定一個相位是不是重要相位？筆者有清楚簡明的定義。所謂重要相位，就是：「角差（距）2度內的相位。」角差（距）2度內的相位一定要注意，論命（出生星圖），這象徵一定會發生的人生事件與課題；推運（流年星圖），這代表事件發生的準確時間。是的，觀察相位，角差（距）2度內的相位，就是觀察的重點。

關於相位的分析，筆者根據讀了許多星圖的經驗，整理出四部功夫：

1、先找到角差（距）2度內的相位。

2、判斷這個角差（距）2度內的相位是四大相位（0度、180度、90度、120度）的哪一種。

3、再看看是不是高低階星的相位，能量有否被強化。

4、最後再綜合分析是哪兩顆星星形成的相位、屬於什麼星座以及所座落的宮位等其他因素。

好！我們舉一個例子說明：

筆者個人有一個很深刻的經驗，在自己的出生星圖上，有一個「處女冥王星（10H）Δ摩羯火星（2H）」的重要相位。分析其內涵，應該是指事業與財務上一種很強大的工作意志與頗有斬獲，但讓筆者狐疑的，它沒有發生，一直到自己四十好幾了，這個相位所代表的能量，就是沒有發生。個人星圖上的其他重要相位基本都發生過了，就是這個冥火諧和相沒有發生，一度讓筆者懷疑是不是自己的占星學沒學好，成了那幾年間心中的懸念。終於在五十歲那一年，這個能量炸彈爆炸了。因為一個意外的機緣，筆者接下了所服務學校的一個主管工作，拼了半年，成立了一個新單位，果然是一個在事業領域上打拼的新經驗，而且接下來這幾年，這個冥火諧和相的能量就經常發生作用了。果然角差（距）2度內的重要相位，是一定會變成具體的人生事件的，但有一個前提，就是不要夭折，哈哈！要活得夠長，重要相位的能量就有足夠的空間發生在你、我的人生上了。

孤星：沒有相位的一種相位

在「相位的遊戲」的最後一篇文章裡，我們談談最後的一種相位，就是：沒有相位。是的，沒有任何相位往往也是一種相位。出生星圖上，一顆沒有任何相位的星星常常有它特殊的義涵。沒有相位的星星，我們稱為「孤星」，基本上，孤星代表孤獨、寂寞、沒人理解的意思，但有些孤星的意義好解釋，有些則不然，下文一一分說：

太陽、月亮的孤星基本象徵孤獨的爸爸與孤獨的媽媽，座落在哪個宮位，就很可能提供某些足堪玩味的線索了。譬如在第五宮，是不是隱約指出爸爸或媽媽在情感上有一份孤獨寂寞？當然，太陽、月亮的孤星也可能代表自我意志或內心情感上的孤獨無援。

水星的孤星很清楚，就是指孤獨的想法，不被了解的idea，落在哪個宮位，就是在哪個人生舞台會發生這種狀況。

金星的孤星象徵孤獨的愛情，這是容易理解的。但火星的孤星象徵孤獨的性？或孤獨的原始生命力？這，就有點費解了。可能是指一種不被了解或不被欣賞的行動吧。

木星與土星的孤星的意義就更抽象了。是指不被認同的冒險行動與過於壓抑的孤僻性格嗎？可能要觀察所座落的宮位，才能更確定其中含義。譬如：第十宮的木星孤星，可能是指一項在事業上的冒險得不到事業大的賞欣被不個一上究研術學在指是，星孤是星木的宮九第在果如但。解了易容較比這，解了與持支的伴夥膽研究計畫嗎？可能解釋起來就更迂迴曲折了。

至於三王星象徵人類潛意識，沒有相位的潛意識？當然就更不好懂。三王星的孤星分別是指：孤獨的革命意識？孤獨的夢？孤獨的偏激能量？哈！真抽象。也許，不要執著孤星的答案，有時候孤星就是孤星，就是沒有表現出任何正面或負面能量，就是一個沒有承擔正、負價值的存在。孤星，是不一定有答案的。

新銳生活22 PA0090

新銳文創
INDEPENDENT & UNIQUE

占星縱橫談：
十星三位的祕密世界

作　　者　鄭錠堅
責任編輯　辛秉學
圖文排版　楊家齊
封面設計　葉力安

出版策劃　新銳文創
發 行 人　宋政坤
法律顧問　毛國樑　律師
製作發行　秀威資訊科技股份有限公司
114 台北市內湖區瑞光路76巷65號1樓
電話：+886-2-2796-3638　傳真：+886-2-2796-1377
服務信箱：service@showwe.com.tw
http://www.showwe.com.tw
郵政劃撥　19563868　戶名：秀威資訊科技股份有限公司
展售門市　國家書店【松江門市】
104 台北市中山區松江路209號1樓
電話：+886-2-2518-0207　傳真：+886-2-2518-0778
網路訂購　秀威網路書店：http://store.showwe.tw
國家網路書店：http://www.govbooks.com.tw

出版日期　2017年9月　BOD一版
定　　價　340元

Printed in Taiwan

國家圖書館出版品預行編目

占星縱橫談：十星三位的祕密世界 / 鄭錠堅著.
-- 一版. -- 臺北市：新銳文創, 2017.09
面； 公分
BOD版
ISBN 978-986-95251-0-7(平裝)

1. 占星術

292.22 106013175

讀者回函卡

感謝您購買本書，為提升服務品質，請填妥以下資料，將讀者回函卡直接寄回或傳真本公司，收到您的寶貴意見後，我們會收藏記錄及檢討，謝謝！
如您需要了解本公司最新出版書目、購書優惠或企劃活動，歡迎您上網查詢或下載相關資料：http:// www.showwe.com.tw

您購買的書名：________________________________

出生日期：________年________月________日

學歷：□高中（含）以下　□大專　□研究所（含）以上

職業：□製造業　□金融業　□資訊業　□軍警　□傳播業　□自由業
　　　□服務業　□公務員　□教職　□學生　□家管　□其它____

購書地點：□網路書店　□實體書店　□書展　□郵購　□贈閱　□其他

您從何得知本書的消息？

□網路書店　□實體書店　□網路搜尋　□電子報　□書訊　□雜誌
□傳播媒體　□親友推薦　□網站推薦　□部落格　□其他________

您對本書的評價：（請填代號　1.非常滿意　2.滿意　3.尚可　4.再改進）

封面設計____　版面編排____　內容____　文／譯筆____　價格____

讀完書後您覺得：

□很有收穫　□有收穫　□收穫不多　□沒收穫

對我們的建議：________________________________

____

____

____

請貼
郵票

11466
台北市内湖區瑞光路 76 巷 65 號 1 樓
秀威資訊科技股份有限公司 收
BOD 數位出版事業部

（請沿線對折寄回，謝謝！）

姓　　名：＿＿＿＿＿＿＿＿　年齡：＿＿＿＿　性別：□女　□男

郵遞區號：□□□□□

地　　址：＿＿＿＿＿＿＿＿＿＿＿＿＿＿＿＿

聯絡電話：(日)＿＿＿＿＿＿＿＿　(夜)＿＿＿＿＿＿＿＿

E-mail：＿＿＿＿＿＿＿＿＿＿＿＿＿＿＿＿